Zdevan Qumr
Stefan Kummer

verlag die brotsuppe

Zdevan Qumr

Stefan Kummer

verlag die brotsuppe

Dieses Buch wurde realisiert mit freundlicher Unterstützung der Stadt Biel und des Kantons Bern.

www.diebrotsuppe.ch

ISBN 978-3-905689-66-2

© 2016, verlag die brotsuppe, Biel/Bienne
Gestaltung, Satz: Ursi Anna Aeschbacher, Biel/Bienne
Umschlagbild: Zdevan Qumr Stefan Kummer
Photos der Werke: Patrick Weyeneth, Ligerz (S. 12-15, 22-23, 28-31, 36-43, 46-47, 50-51, 53, 55-63, 70, 74-79, 88-89, 94-97, 102-105, 108, 112, 197); ansonsten: Zdevan Qumr Stefan Kummer
andere Photos: Mischa Dickerhof, Zdevan Qumr Stefan Kummer, Antal Thoma
Druck: Druckerei Theiss, St. Stefan

Kleiner Vogel Kolibri

Kleines Fischchen Brididi

Fliegt und schwimmt voraus und zeiget

Uns den Weg nach Bimini

Heinrich Heine

Vorwort

Ich habe Stefan Kummer 2003 nach meiner Rückkehr nach Biel kennengelernt. Wir wurden eine grössere Gruppe, die sich am Mittag zum Essen getroffen hat. Dort haben wir uns erzählt, womit wir uns beschäftigen, was uns Sorgen macht und wo wir Unterstützung brauchen. Und wir haben viel gelacht, die ganze Welt analysiert und getratscht.

Schnouz hat zwar nicht mitgegessen, war aber trotzdem oft anwesend. Er hat uns Zeichnungen und Bilder mitgebracht, manchmal auch kleine bewegte Bücher, in denen Buchstaben, Wörter oder Figuren über die Seiten flogen.

So wurde ich mit seiner Malerei und dem, was er darüber dachte, bekannt. Ich habe selten jemanden kennengelernt, der so sehr auf der Suche nach seinem Weg war. Alles, was er gesehen und gelesen hat, hat ihn ganz persönlich getroffen und ihn jedes Mal in Frage gestellt.

Er musste immer wieder neu herausfinden, ob diese anderen Wege nicht vielleicht auch seine sein könnten. In einer Art Ausschlussverfahren. Er hat, was er Neues erfahren hat, theoretisch durchdacht und ist sich mit Malexperimenten auf die Schliche gekommen.

So hat er die Welt als grosses Angebot gesehen, das ihn mit seiner Neugierde nicht selten auch überfordert hat.

Da gab es die Suche nach der richtigen Farbe, die Suche nach der richtigen Körperbewegung, die zum exakt richtigen Strich auf der Leinwand führt. Und er plante seine Ausstellungen akribisch, konnte aber alles an einem Mittag auch wieder über den Haufen werfen.

Die erste Ausstellung mit seinen Bildern, die ich gesehen habe, war eine in der Alten Krone. Ich war sehr beeindruckt. War er bei den Mittagessen zweifelnd und unsicher, hingen seine Bilder stark und klar vor einem. Da stimmten Farben, Striche und Kompositionen so überein, als ob sie ganz leicht und ohne Mühe auf die Leinwand gekommen wären. Ein wirklich guter Maler. Und wir beschlossen, zusammen ein Buch zu machen.

Über viele Jahre hin hat er mir immer wieder Photos von seinen neuen Bildern geschickt. Wir waren beide sicher, irgendwann würden wir das nötige Geld für ein Buch finden.

Manchmal hat er gefehlt, nicht nur einen Tag, eine Woche oder länger. Niemand wusste, wo er war, seine Tür liess er zugeschlossen. Nachrichten verweigerte er. Da war dann klar, dass er mit seinen Dämonen kämpfte.

Er hatte Anfälle von Paranoia, hatte Angst, unter die Leute zu gehen und hörte Stimmen, die in seinem Kopf waren. In diesen Zuständen schloss er sich selber von der Welt aus.
Es war schliesslich sein Herz, das nicht mehr konnte und sein Leben viel zu jung beendete, so dass er sein Buch jetzt leider nicht sehen kann.

Mit Urs und Mischa Dickerhof habe ich die Bilder ausgesucht, Susanne Kummer, die Mutter von Stefan, hat seine Verzeichnisse weitergeführt und sie zur Verfügung gestellt. Wir haben aus allen Arbeitsphasen etwas möglichst Repräsentatives ausgewählt.
Die Bilder, von denen ich keine Abbildungen hatte, fotografierte Patrick Weyeneth. Alice Henkes, die sein Werk vorher nicht kannte, hat sich die Mühe gemacht, es zu betrachten, einzuordnen.
Und schliesslich haben Wegbegleiter wie Mischa Dickerhof, Oliver Salchli, Urs Dickerhof und Chri Frautschi ihre Gedanken zu Stefan aufs Papier gebracht und uns für dieses Buch zur Verfügung gestellt.
Ohne die Familie von Stefan wäre dieses Buch nicht möglich gewesen. Seine Eltern und seine Schwestern haben uns unterstützt, wo immer es ging, und auch sie haben geschrieben.

Allen sei gedankt.

Und jetzt feiern wir Zdevan Qumr – Stefan Kummer mit diesem Buch!

Ursi Anna Aeschbacher, verlag die brotsuppe

AMSTERDAM

April 1986 (Photo: Mischa Dickerhof)

Kleine Zeittafel zu Zdevan Qumr Stefan Kummer

1963 in Bern geboren

Aufgewachsen und Schulbesuch in Burgdorf

1982 – 1985 Kantonale Schule für Gestaltung Biel

1986 – 1987 Malfachklasse an der »escuela massana« in Barcelona

1987 – 1989 »PCI« I & II (zeitgenössisch-bildliche Verfahren)
an der »escuela massana« in Barcelona

Danach Rückkehr nach Biel in ein eigenes Atelier

1991 Ankäufe der Stadt Biel

1992 Stipendium der Ernst-Anderfuhren-Stiftung in Biel

Ab 1984 Ausstellungen in der Schweiz und im Ausland

Zdevan Qumr Stefan Kummer hat gemalt, Musik gemacht
und starb 2013 in Biel.

Frühes Malen

SELBSTPORTRÄT

1981, Öl auf Leinwand

HAUSKATZE

1982, Öl auf Leinwand

THE ALCOHOLIC

1984, Öl auf Leinwand

JANE UND CAROLE

1985, Öl auf Leinwand

BURGDORF IM ÜBUNGSRAUM

1983 (Photo: Mischa Dickerhof)

Barcelona
1986 bis 1989

ATELIER IN BARCELONA

Juli 1987 (Photo: Mischa Dickerhof)

OTRO LADO DEL ESTUDIO, CON ARMARIO Y ESPEJO

ATELIER IN BARCELONA

DER MANN

1986, Acryl auf Holz

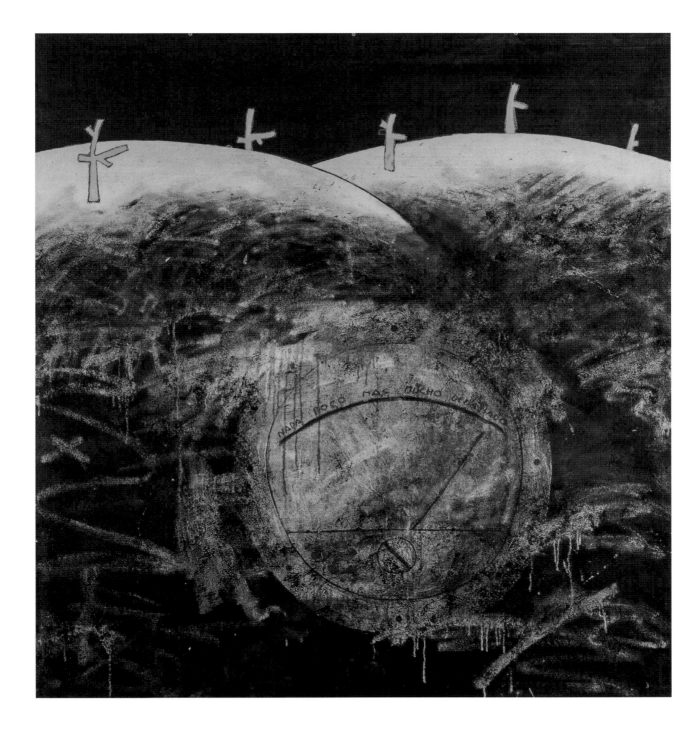

EL DIA

1986, tela/oleo 150 x 140

TIESTO ROJO

1987, Öl auf Papier

IM ATELIER IN BARCELONA

1987 (Photo: Mischa Dickerhof)

LA BOTELLA ROJA

1987, Öl auf Papier

DOS BOTELLAS NEGRAS

1987, Öl auf Papier

MUJER EN LA PLAYA / HOMBRE, LLEVANDO PESO

1987, tela/oleo 153 x 60

LE LAPIN DUR: TRINIDAD

1987, tela/oleo 160 x 153

NOAH BUSCA A DARVIN

1987, tela/oleo 150 x 140

ALREDEDOR DE LA ORILLA

1987, tela/oleo 160 x 153

Immer ein bewusster Schaffensprozess

Ich habe Stefan Kummer – Zdevan Qumr 1981 in der Kunstgewerbeschule (heute Schule für Gestaltung) in Biel als Schnouz im Vorkurs kennengelernt. Danach hat er sich den Schnauz abgeschnitten und in Spanien Esteban genannt. Als Musiker hiess er Istvan Grshenko. Seine verschiedenen Namen waren ihm sehr wichtig.

Schon in der Kunstgewerbeschulzeit erklärte er, dass er unter seinem Paradoxum, wie er es nannte, nicht leide und es kultiviere, damit arbeite: Das ist so und auch sein Gegenteil. Das ist so und sein Parallel dazu.

Schnouz hat den Vorkurs beendet und die Fachklasse Grafik begonnen. Ende des zweiten Jahres hat er aufgehört, als die Grundausbildung abgeschlossen war. Er wollte als freier Künstler und nicht als Grafiker arbeiten. Erst einmal hat er es in Biel ausprobiert und dann, Semesteranfang 1986, ist er nach Barcelona umgezogen und hat dort das Studium an der Massana (Universität für visuelle Kunst) angefangen. Kurz vorher hat er beim Militär aufgehört. Er hat nie richtig darüber geredet, hatte wohl einen Befehl verweigert und es wurde ihm der Prozess gemacht. Das Einzige, das er uns ausführlich erzählt hat, war, dass er in der ersten Zeit in Spanien die Schweiz noch nicht hätte verlassen dürfen, da er auf Bewährung verurteilt war. Als ich Ende 1987 nach Spanien kam und mit ihm zusammenwohnte, ging er nie direkt zu sich nach Hause, hat immer Umwege genommen, damit man ihn nicht verfolgen könne. Damals ging es ihm immer schlechter. Gleichzeitig war er sehr erfolgreich an der Massana und hat zwei Jahre lang gemalt und neue Techniken und Methoden gelernt und sich weiterentwickelt. Aber die Paranoia, die hat er nicht mehr weg bekommen.

Er hat aber nur, wenn es nicht anders möglich war, darüber geredet. Ansonsten hatte er einen übermässigen Anpassungsgroove, er strebte die totale Normalität an, wollte im folkloristischen Stil ein Überkünstler sein und exotisch. Er hat eine Rolle gespielt. Nach aussen hin hat er oft den Pausenclown gegeben und in Wirklichkeit niemanden an sich herangelassen. Er hatte Mühe, etwas Ernstes von sich preis zu geben. Das Spielen einer Rolle hat ihn sicherer gemacht.

Er hat immer sehr viel gearbeitet, die ganze Zeit gemalt und viel experimentiert, sich die Materialität in seinen Bildern erarbeitet, mit Chemie gebastelt. Im Vorkurs hat er surrealistische Sachen gemacht wie seine Selbstporträts mit Symbolik. Nach dem Vorkurs hat er das Geschmäcklerische aufgegeben, und in der Massana sich eine neue Formensprache angeeignet. Er hat in der Wohnung gearbeitet, ist kaum hinausgegangen.

Und er hat viel Musik gemacht (s. Beitrag von Oliver Salchli, ab S. 113), Klangexperimente mit einer 4-Spur-Maschine. Er hat sehr früh angefangen, Loops herzustellen, Geräusche verzerrt, Radiostimmen und Fernsehsendungen aufgenommen, verändert, Ventilatorengegäusche darüber gelegt etc. Er hat aber auch sehr viele Instrumente gespielt, Ukulele, E-gitarre, Banjo, aber auch Klavier. Und er hat gesungen. Dann alles aufgenommen und gemischt.

Als er zwischendurch einmal zurück nach Biel gekommen war, hat er in der Polstergruppe ausgestellt (eine selbstverwaltete Galerie von jungen Bieler Künstlern). Er war ein guter Maler geworden. Malerei total, nichts Narratives. Und das zu einem Zeitpunkt, als das nicht gerade aktuell war. Von seinem Stil und seinen Farben her, lag er neben seiner Zeit. Er hat immer mit prekären Gleichgewichten gearbeitet. In seinen extrem über die Diagonalen komponierten Bildern mit starken Farbkontrasten, beispielsweise einem Quadratmeter gelb und einem Daumennagel rot, wollte er ein prekäres Gleichgewicht herstellen. Auch seine Skulpturen oder Objekte standen immer nur auf einem Bein (und stützten sich mit einem Fingernagel ab).

Er hat sich sehr viele Gedanken darüber gemacht, wie er malt. Er hat sich auf etwas konzentriert, bis er das Gefühl hatte, es sei in ihm drin und dann hat er es mit Bewegung aufs Papier gebracht. Malerei war das Mittel, wie er sich ausdrücken konnte und das er immer besser beherrschte. Sie war ein Werkzeug. Und Malerei kam ihm vielleicht auch gerade recht, weil er nichts explizit sagen musste. Weil er es inkognito tun konnte, bei sich zu Hause.

Eine Zeitlang hat er noch in einer Agentur in Basel gearbeitet, nachdem er endgültig aus Spanien zurückgekommen war. Das musste er aufgeben, es wurde klar, dass seine Dämonen eine normale Arbeit nie zulassen würden. Ich kann mich an ein besonderes Mal erinnern, als er länger verschwunden war und sich wochenlang nicht mehr hinausgetraut hatte. Er hatte die Fensterläden geschlossen, nichts mehr gegessen, die Türe nicht geöffnet und es sich mit vielen Freunden und Freundinnen verdorben. Er hat nicht darüber geredet, was ihn so fertiggemacht hat, es gehe ihm gut, alles sei normal … Er war derjenige, der am meisten Probleme damit hatte, nicht zu funktionieren, wie er es überaus anspruchsvoll von sich erwartete. Und er wollte kein Opfer sein, keine Hilfe von seinen Freunden bekommen.

Mehr und mehr hat er sich zurückgezogen. In den 90er Jahren hat er noch versucht, Galerien zu finden für Ausstellungen. Später hat er das nicht mehr probiert und nur noch in Saignelégier und beim Joli Mois du Mai ausgestellt. An Orten, die er gut kannte.

Er war wie ein Schwamm, der durch die Welt ging, alles aufsog und dann nicht in der Welt bleiben konnte. Sich gefüllt zurückziehen musste und es dann malte.

Er hat sich zwischendurch auch der Schreiberei zugewandt. Mit ihr hat er Spiele gespielt, mit den Übersetzungsmaschinen im Internet Texte hergestellt, Buchstaben und Worte kombiniert. Er hat sich eher versteckt als geäussert. Aber beim Schreiben funktioniert das nicht so gut, das dauernde Verschleiern, also hat er es auch nur selten getan.

Eines Tages hörte er ganz mit dem Musikmachen auf. Er sagte zu mir, die Stimmen in seinem Kopf seien einfach viel zu laut geworden, er höre die Töne nicht mehr richtig. Irgendwann konnte er auch nicht mehr den Partylöwen spielen und hat sich nicht mehr in dieser Rolle wohlgefühlt. Er war immer höflich und zugewandt, auch wenn er es kaum ausgehalten hat. Er war kein Opportunist, aber er wollte niemanden verletzen und er wollte anständig sein. Es war ihm sehr wichtig, dass er anständig war und immer ein Gentleman. Und als das manchmal nicht mehr so einfach möglich war, blieb er für sich.

Stefan hat nicht über seine Krankheit gesprochen, er wollte nicht zu einem Knäuel werden, bei dem die Leute versuchen, die Fäden zu entwirren. Sie sollten seine Bilder anschauen, ohne über seine Krankheit nachzudenken. Seine Arbeit hat ihn vor allem beschäftigt, darüber hat er sich sehr viele Gedanken gemacht, sie stetig weiterentwickelt und etwas zu sagen, zu malen gehabt.

Mischa Dickerhof

IN BARCELONA, 1987

(Photos: Mischa Dickerhof)

YO

1988, Öl auf Holz 20 x 25

AMBOS MUNDOS

1988, Öl auf Holz 20 x 25

ALVARO NUTIS

1988, Öl auf Holz 20 x 25

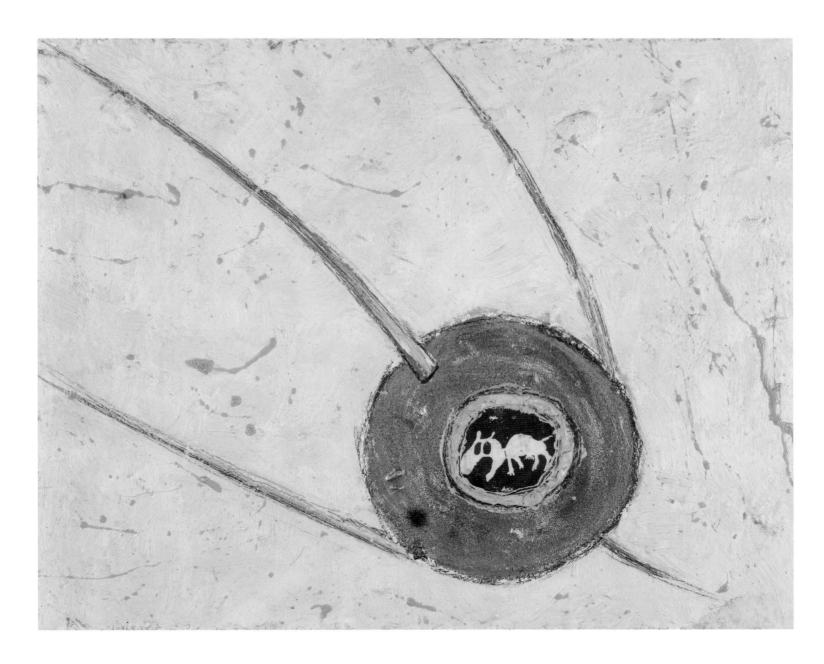

LAIKA EN EL SOL

1988, Öl auf Holz 20 x 25

EN JULIO HACIAMARTE

1988, Öl auf Holz 25 x 20

PASCUAL MARAGALL

1988, Öl auf Holz 20 x 25

RUDIARO KIPLING

1988, Öl auf Holz 20 x 25

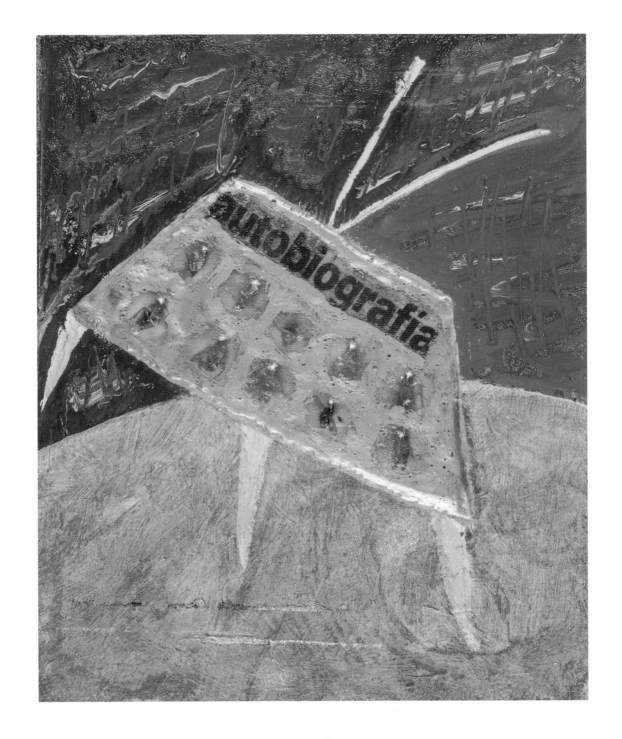

AUTOBIOGRAFIA

1988, Öl auf Holz 26 x 20

Der Satz

Die Topfpflanze, der Pfau, der Stuhl, das Haus,
der Bach, die Tür, der Wagen, die Eisenbahn, das
Flugzeug, die Zigarette, die Tasse, das Feuerzeug,
der Kran, die Strassenlampe, der Aschenbecher,
die Antenne, der Wasserhahn und das Klebeband
sind alle in diesem Satz vorgekommen.

Zdevan Qumr Stefan Kummer

IN BARCELONA

1987 (Photo: Mischa Dickerhof)

GEORGE BUSH

1988, Öl auf Holz

EL POMELO

1988, oleo/tela 18 x 24

IN BARCELONA

1987 (Photos: Mischa Dickerhof)

EL PLATANO

1989, oleo/tela 29 x 20

EL PAJARO GIUDADANO

1989, oleo/tela 146 x 97

EL GATO AZUL

1989, oleo/tela 130 x 97

KATZE (IN BARCELONA)

links: 1989, 15 x 10,5 / rechts: 1987, 10,5 x 15

53

LA CURVA

1989, oleo/tela 130 x 162

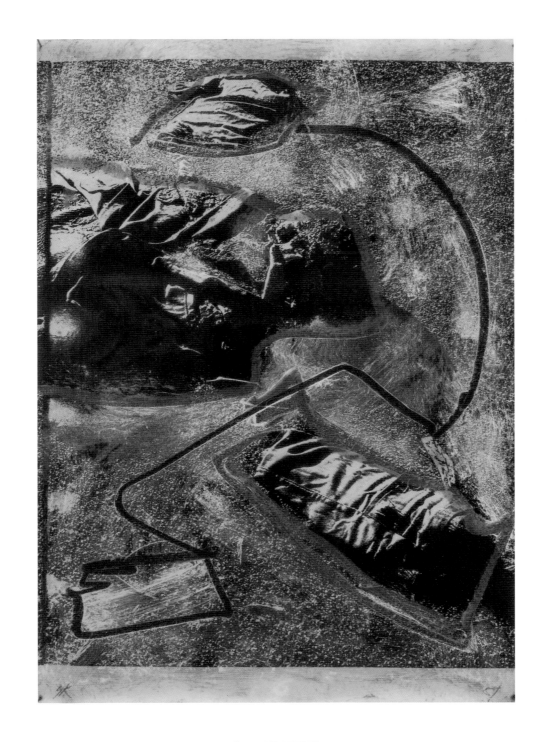

OHNE TITEL

1989, Öl auf Papier

OHNE TITEL

1989, Öl auf Papier

OHNE TITEL

1989, Öl auf Papier

OHNE TITEL

1989, Öl auf Papier

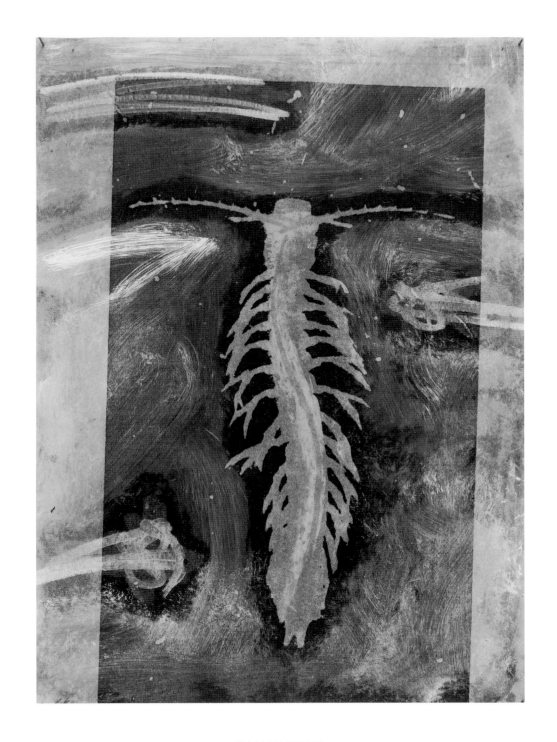

OHNE TITEL

1989, Öl auf Papier

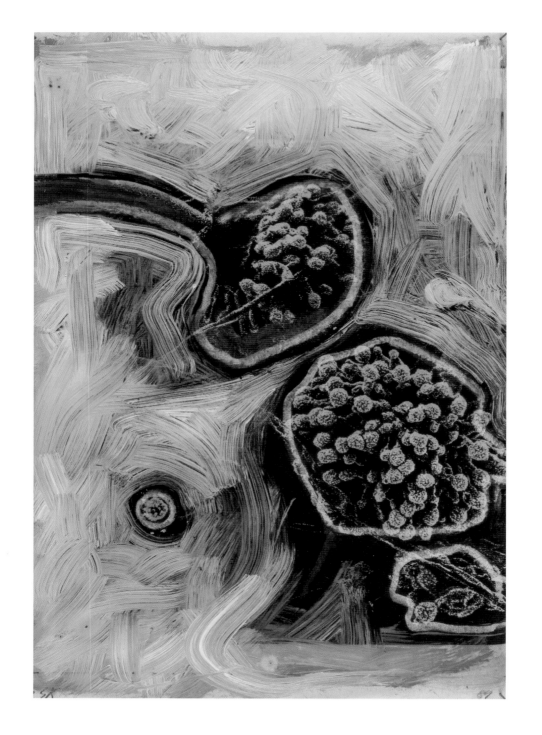

OHNE TITEL

1989, Öl auf Papier

OHNE TITEL

1989, Öl auf Papier

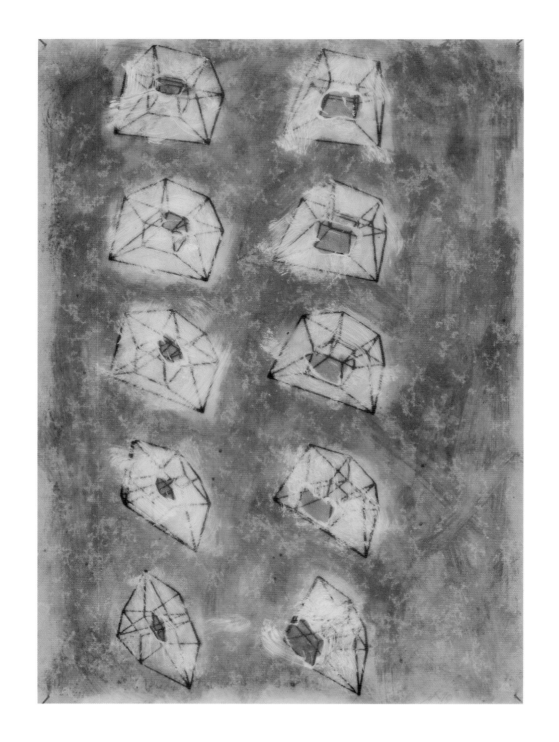

OHNE TITEL

1989, Öl auf Papier

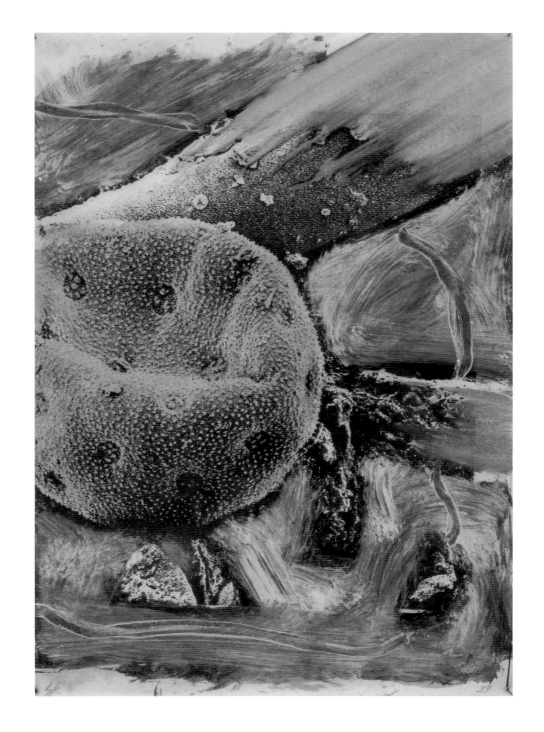

OHNE TITEL

1989, Öl auf Papier

zurück in Biel
1989/1990

Malen als Tanz

Zum Werk von Stefan Kummer

Laika ist, neben Lassie, eine der grössten internationalen Hundeberühmtheiten des 20. Jahrhunderts. Während Collie Lassie stets mit glänzend gepflegtem Fell in televisionäre Erscheinung trat und die Tugend der Tapferkeit verkörpern durfte, war Laika nur eine kleine Streunerin, halb Husky, halb Terrier, die eines Tages in den Strassen Moskaus aufgegriffen wurde. Ein Wissenschaftlerteam machte sie zu einem Medienstar. Am 3. November 1957 flog Laika mit dem Raumflugkörper Sputnik 2 in die Weiten des Kosmos und kehrte nie mehr zurück. Für den Westen bedeutete dieser erste Raumflug mit einem Lebewesen an Bord eine unerhörte Provokation. Für Tierschützer war Laikas Tod kurz nach dem Start ein Skandal. Laika, die Briefmarken zahlreicher kommunistischer Länder zierte, wurde zur Symbolfigur unterschiedlicher Interessen: für Tierschützer das Opfer, für Kosmonauten eine Heldin mit Schlappohren.

All diese Diskussionen und Zuschreibungen wischt Stefan Kummer in seinem Bild »Laika en el sol« souverän zur Seite. Der Titel, der zu deutsch soviel bedeutet wie Laika in der Sonne, spielt zwar noch auf den Tod Laikas durch Überhitzung der Raumkapsel an. Das Bild selbst aber illustriert eher ein inneres Erleben von Angst und Abgeschiedenheit. Es zeigt eine runde Raumfähre, die durch einen gelb-roten Sonnenglast rast. Ein Bullauge, rot gerändert wie vom Fieber der Geschwindigkeit, zieht den Blick ins schwarze Innere des Flugkörpers, von dem sich weiss und flächig ein Hund abhebt, schemenhaft wie ein Graffiti, das Maul aufgerissen in blankem Entsetzen, die Augen zwei schwarze Höhlen der Angst. Es scheint, als sei diese ganze gekrümmte helle Hundefigur nur dafür da, um die dunklen Abgründe des Schreckens zu umranden, die sich mit dem Maul, den Augen öffnen.

»Laika en el sol« nimmt einen historischen Moment und transformiert ihn in eine persönliche Aussage. Das Bild zeigt mit so kraftvollen wie einfachen Mitteln existenzielle Erfahrungen von Einsamkeit, Angst und der Unmöglichkeit, die Leere zwischen dem Ich und den anderen zu überbrücken. Und es verweist auf eine Entwicklung des Künstlers Stefan Kummer, der hier schon erkennbar die expressive Kraft der Farbe nutzt und zugleich, in der Gestalt des Hundes, auf zeichnerische Muster, wie sie in der Comic-Kunst gebräuchlich sind, zurückgreift.

Das Motiv des Raumschiffs beschäftigt Kummer über eine ganze Reihe von Bildern hinweg, oft auch in Kombination von Malerei und Collage. Zugleich entstehen Wasserlandschaften mit stark gerundeten Horizonten und Visionen von Räumen in Räumen. In »La Curva« gestaltet Kummer eine Strasse, die wie ein breiter, blauer Fluss auf den Betrachter zuströmt, gesäumt von toten Bäumen vor einem blutroten Himmel. Ein Kaninchen, so weiss, als sei es einem Zaubererhut entflohen, prescht über die Strasse und erzeugt so einen Eindruck von Geschwindigkeit. Deutlich sind in den starken Farben, den extremen Perspektiven dieser Bilder expressionistische Einflüsse spürbar.

Kummer gehört zu jenen Künstlern, die in den 1980er Jahren die totgesagte Malerei wieder beleben. Die der kargen, kopflastigen Konzeptkunst der 1970er Jahre und dem kalten Flimmern der Videoschirme den Rücken drehen und wieder nach Pinseln und Pigmenten greifen. Die sich vor ihren Leinwänden abarbeiten, mit dem ganzen Körper. Malen, so heisst es, sei für Kummer ein Tanz gewesen.

Doch in der Bieler Kunstszene gedeiht nicht nur das Expressive. Die bilingue Stadt ist ein optimaler Nährboden für Comic-Kunst. Urs Dickerhof, der von 1979 bis 2007 die Schule für Gestaltung in Biel leitet, fördert die Entwicklung der Bieler Comic-Kunst durch seine Offenheit für künstlerische Grenzgänger. Dickerhof ist es auch, der früh schon das Talent Kummers entdeckt. Dessen Werk ist deutlich von der Kunst der Comics beeinflusst. Schon die blasse Laika erinnert an Comic-Figuren. Von »60 Dollars für Mickey« grüsst eine unverwüstlich-fröhliche Mickey Mouse im klassischen Kurze-Hosen-Look. Das Bild erinnert an Pop Art-Werke. Den Hintergrund bildet ein Stars and Stripes Muster. Dollarnoten bilden die Streifen und gerade mal acht Sterne tummeln sich so unordentlich wie ein Haufen Anarchisten oben links in der Ecke.

Neben Mickey Mouse bevölkern zahlreiche weitere Figuren aus Comic und Werbegrafik das Werk Kummers: die Schweizer Kinderbuchfigur Globi, die ursprünglich als Werbeträger des Warenhauses Globus entstand, läuft über eine ganze Reihe von Prints. Der Kuhkopf der französischen Käsemarke »La vache qui rit« lacht aus Kummers Werk und Snoopy döst als Umriss inspiriert auf seiner Hundehütte. Kummer spielt mit der Wiedererkennbarkeit, der Alltäglichkeit der Motive und zieht durch sie gleichsam das normale Leben in seine Bilder hinein.

Diese Welt des Alltäglichen beschäftigt Kummer auch noch, als er sich wieder stärker der Malerei, der Farbe zuwendet. Vögel, Hüte, Katzen zeigen sich auf seinen Bildern. Die einfachen Dinge des Lebens, die sich, je mehr Kummers Leben an Einfachheit verliert, immer stärker auflösen. In seinen späteren Bildern ist es vor allem die Farbe selbst, die den Künstler beschäftigt. Mit kräftigem Gestus aufgetragen, in harten Kontrasten, markanten Pinselspuren oder auch in fast minimalistischer Reduktion, wie sie auf einem Bild zutrage tritt, das ein kleines rotes Quadrat auf einem wolkig weissen Grund zeigt. Eine seltsame Klarheit liegt darin, eine Klarheit, die ins Schweben zu geraten scheint. Alles tanzt, alles wird Bewegung, alles löst sich auf.

Alice Henkes

CRIME, INSPECTORS AND ME

1990, Öl auf Papier 145 x 105

60 DOLLARS FOR MICKEY

1990, Öl auf Papier 150 x 145

Am Morgen

Der Traum ist aus,
der Applaus verhallt,
der Vogel auf dem Baum,
der Gedanke zerknittert,
das Sandmännchen im Exil,
der Schuh am Fuss.
Alles ist so klar.

Zdevan Qumr Stefan Kummer

BEFORE THE SUNSET

1990, 150 x 145

DAGOBERT

1991, Öl auf Papier

BART

1991, Öl auf Papier

OHNE TITEL

1991, Öl auf Papier

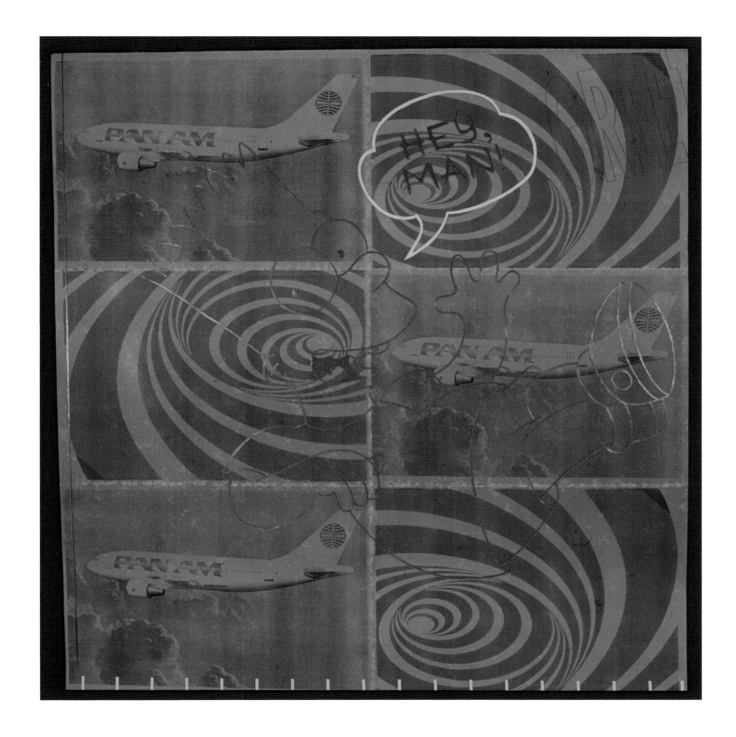

TO FLY

1991, Öl auf Papier

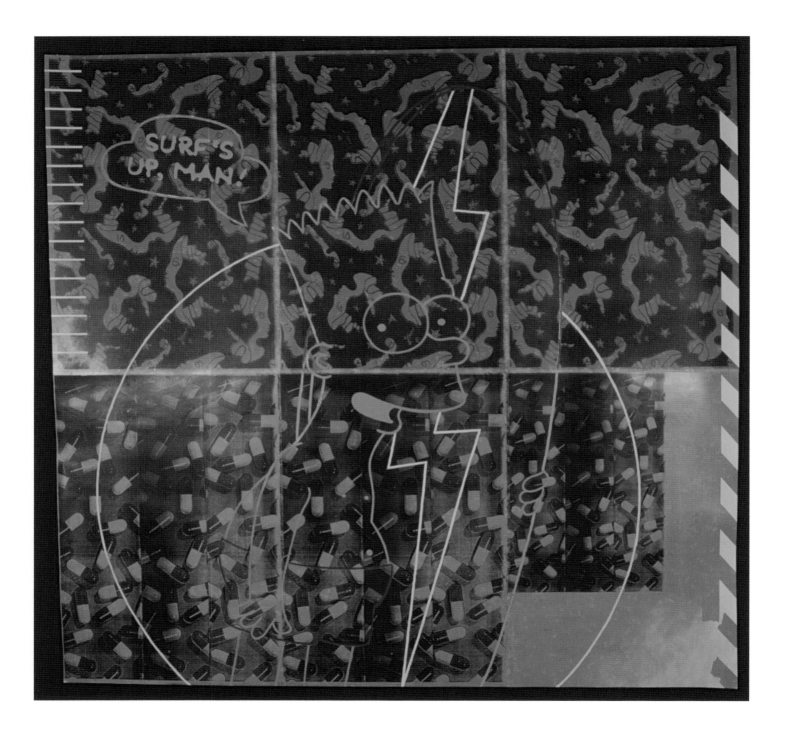

BART

1991, Öl auf Papier

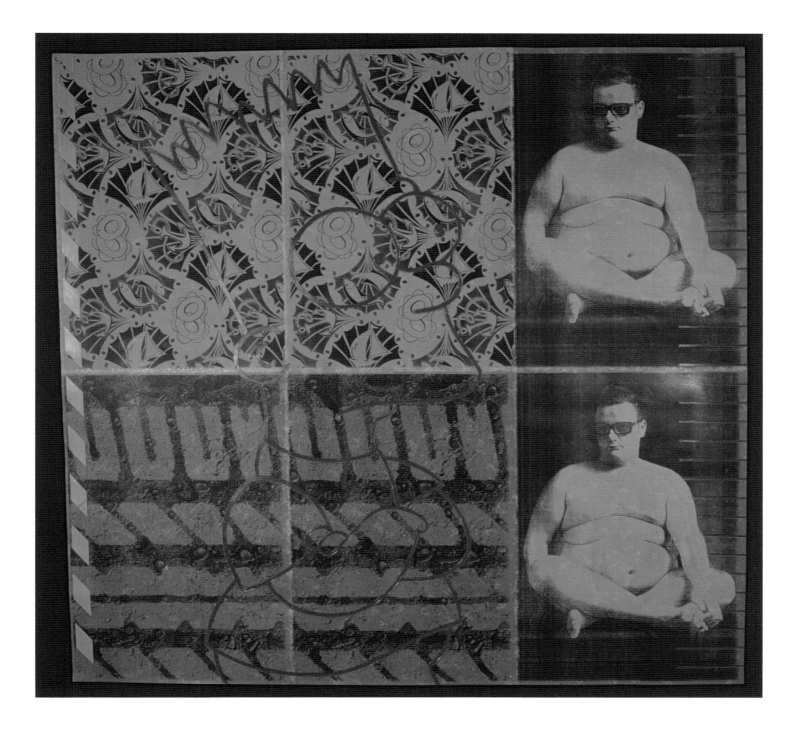

BART

1991, Öl auf Papier

A MONKEY'S DREAM

1992, Öl auf Papier 83,5 x 88 (Anderfuhren Stipendium)

SUMMERTIME

1992, 83,5 x 88, Öl auf Papier (Anderfuhren Stipendium)

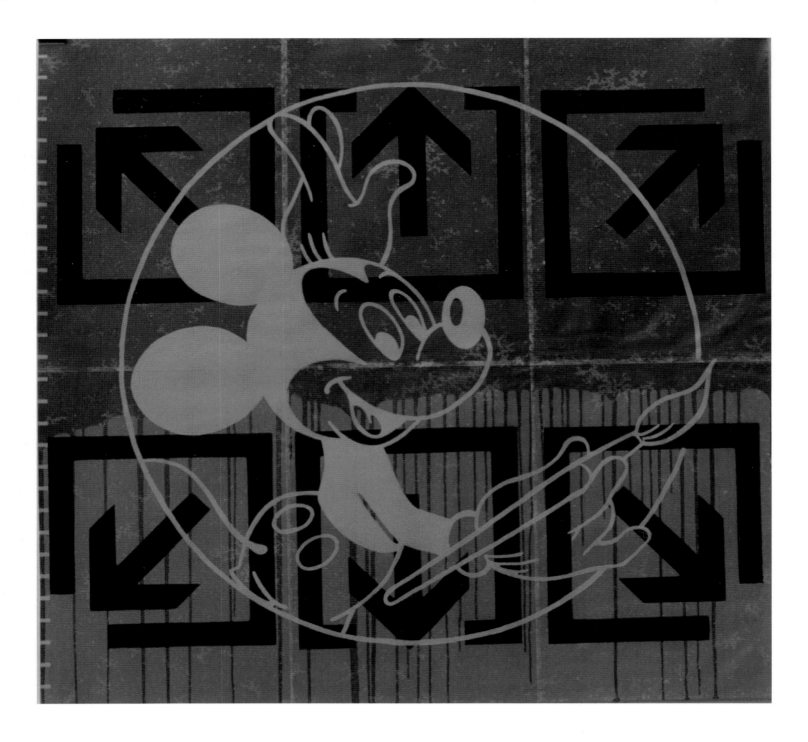

TO PAINT A PAINTING

1992, Öl auf Papier 83,5 x 88 (Anderfuhren Stipendium)

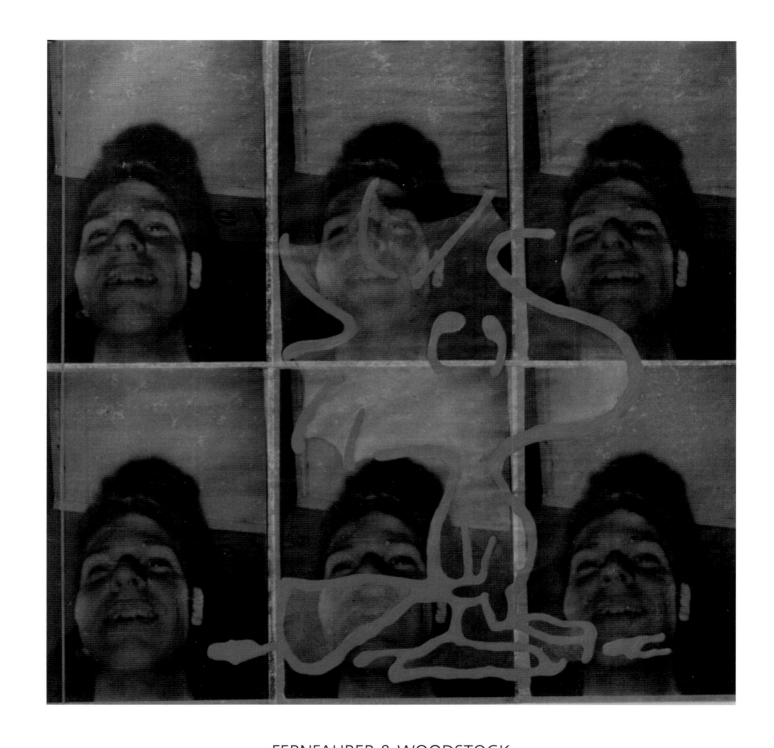

FERNFAHRER & WOODSTOCK

1992, Öl auf Papier 83,5 x 88 (Anderfuhren Stipendium)

Ich liebe du. Ich kann
ohne deiner nicht bin.

Ein Möchtegern
ist im Grunde
nur
ein Nichtsokann

Der Sieg

Ein sehr brauner Bär kam, sah
und wiegte sich in einen sehr
tiefen Winterschlaf, welcher
mehr als sieben Meter tief war.
Unten angekommen wachte er
auf und machte sich einen sehr
braunen Kaffee.

Der Gast

Die Laus ist ein Graus
Hat man sie im Haus
lebt sie in Saus und Braus
von ihrem Schmaus.
Macht die Dusche braus
geht sie
die Laus

Gehen

Man bindet den Schuh
nicht, damit er drückt,
sondern man bindet ihn
zum Gehen. Aber das
tut er eben nicht von
alleine.

Abfall

Der Mann vom Reinigungsdienst
hat soeben die Fenster angefeuchtet,
um sie mit dem Gummischaber
abzuziehen.
Plötzlich bückt er sich,
hebt nichts auf
und wirft es hin.

Gemacht

Es werden Teilchen gespalten,
Nägel gezogen,
Croissants gebogen,
Fahnen gehisst,
Löcher gebohrt,
Seile gespannt,
Schrauben gedreht,
Beine gestreckt
und Haare gekrümmt.
Letzteres kann schmerzhaft sein.

Am Nachmittag

Abermals springt Hans auf Frida.
Zwischendurch springt er auch auf
Berta. Fritz hingegen springt nur auf
Berta. Es soll aber schon vorgekommen sein, dass Fritz auf Hedi sprang,
was Hans des Öfteren tat. Aber sie
lebt heute nicht mehr. Trotzdem ist
noch viel los im Kaninchengehege.

Blasen

Sie steigen auf
in der Mineralwasserflasche.
Stundenlang.
Schüttelt man die Flasche,
steigen sie ganz rassig.
Gibt man Salz hinein,
geht es explosionsartig.
Dann steigen sie wieder auf
in der Mineralwasserflasche
und oben
zerplatzen sie.

Zdevan Qumr Stefan Kummer

DER GRÜNE DAUMEN

1995, Öl auf Papier 30 x 21

Der grüne Daumen

»Der grüne Daumen« zeigt Kraft, Wachstum, ein stetiges Streben nach oben. Gleichzeitig zeigt er die Faust – bedrohlich nahe kommt sie –, fast zerspringt die Scheibe im Bilderrahmen. Wieder ist er da, der grüne Daumen, weist nach oben, in ein fröhliches Meer aus rosa und gelben Farben. Glück, Freude, ein wildes Durcheinander interessanter Menschen. Langsam und stetig wenden sie sich ab von diesem aufstrebenden grünen Daumen, einer fremden, ernsten und durchorganisierten Welt der Langeweile zu.

In vielen Bildern – im »grünen Daumen« besonders – begegnet mir mein Bruder Stefu: fröhliche Menschen, interessante Gespräche, glückliche Momente, schwierige Abschiede, lustige Kinderspiele, traurige Augenblicke, spontane Zusammentreffen, gute Erinnerungen.

Kathrin Wacker-Kummer

SELBSTPORTRÄT

1991, Acryl auf Stoff 90 x 75

9-TEILIGE BILDINSTALLATION OHNE TITEL

1993, je 25 x 25

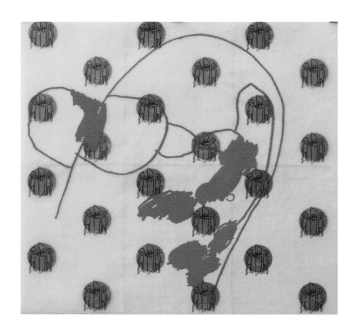

DRAWING ON WALLPAPER

1995, Öl auf Papier 83,5 x 88

DRAWING ON WALLPAPER

1995, Öl auf Papier 83,5 x 88

EIN PORTRÄT

1995, Farbstift auf Papier A4

Ein Porträt

Das Bild bedeutet mir sehr viel. Mein Bruder Stefan hat es mir vor Jahren geschenkt. Wie er die Frau im Bild festhalten konnte, war typisch für ihn. Er war ein aufmerksamer, vielseitig interessierter Beobachter. Er konnte komisch-witzige, ernste, gesellschaftskritische Momente gleichzeitig aufnehmen und in sein Schaffen einbringen. Er hat mich mit seinen Arbeiten oft zum Schmunzeln gebracht.

Die Frau auf dem Bild fühlt sich wohl.

Es gibt viel Vertrauen zwischen der Frau und dem sie abbildenden Künstler. Gedankenverloren öffnet sie den Mund, um sich so den Lippenstift mit dem Finger aus dem Mundwinkel wischen zu können! Sie wähnt sich unbeobachtet, in Sicherheit.

Der etwas wild gemusterte Hintergrund lässt die schwarz-weisse Aufnahme klar hervortreten. Was aber bedeuten die vertikal gezogenen, auf den ersten Blick kaum wahrnehmbaren gelben Linien? Stäbe zwischen der Frau und dem etwas bieder wirkenden Hintergrund? Wird die Frau vor etwas geschützt? Oder ist sie eingesperrt? Diese Fragen bleiben offen, und mir bleibt die Freiheit zu interpretieren, wie es mir beliebt.

Sicher ist, dass der Künstler auf derselben Seite der Linien steht wie die Frau. Und es scheint ihr da in seiner Gegenwart wohl zu sein!

Die Spannung steigt, wenn man als Betrachter die immer weiter respektive enger werdenden Abstände zwischen den parallel verlaufenden Vertikalen bemerkt. Was wollte mein Bruder damit wohl sagen? Lässt es irgendwo eine grosse Öffnung erahnen? Oder schliessen sich die Linien vollständig zu einer Wand zusammen? Wird die Vertautheit der beiden so in Frage gestellt oder eher gestärkt? Das bleibt offen.

Als mein Bruder mir dieses Bild vor vielen Jahren geschenkt hat, freute ich mich sehr. Erst nach und nach aber fielen mir Details auf. So wie etwa die kaum sichtbaren Worte entlang einer vertikalen Linie:

It´s for you Sabin my lovely sister from your zdevan.

Sabine Kummer

OHNE TITEL

1996, Öl und Bleistift auf Papier 15 x 10,5

OHNE TITEL

1996, Öl und Bleistift auf Papier 15 x 10,5

OHNE TITEL

1996, Öl auf Leinwand 30 x 24

OHNE TITEL

1996, Öl auf Leinwand 30 x 24

OHNE TITEL

1997 – 1998, Öl auf Leinwand 30 x 24

OHNE TITEL

1997 – 1998, Öl auf Leinwand 30 x 24

OHNE TITEL

1997 – 1998, Öl auf Leinwand 30 x 24

OHNE TITEL

1997 – 1998, Öl auf Leinwand 30 x 24

OHNE TITEL

1997 – 1998, Öl auf Leinwand 30 x 24

FNÖ (ERFUNDENER BUCHSTABE)

1997 – 1998, Öl auf Leinwand 30 x 24

PINGU

1997 – 1998, Öl auf Leinwand 30 x 24

OHNE TITEL

1997 – 1998, Öl auf Leinwand 24 x 30

IM ATOMIC IN BIEL

(Photo: unbekannt)

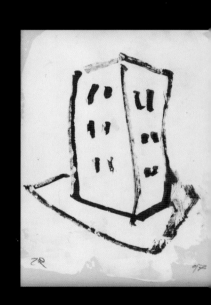

Die Form

Über das Treppenhaus
bis höher als das Dach
erwächst ein runder Turm.
Oben auf seinem spitzen Dach
steht ein eisernes Fähnchen
mit ausgesägtem Hammer und Sichel.
Je nach Wind schaut es nicht nach links.
Jedoch machen Fähnchen keine Politik,
da man nämlich auch
andere Formen
aussägen könnte.

Zdevan Qumr Stefan Kummer

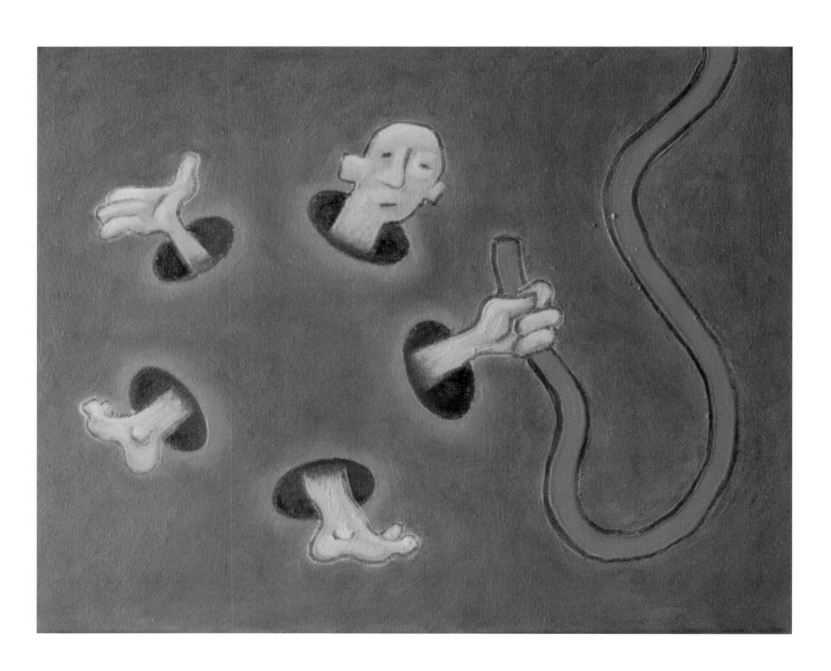

BLOOD MUST BE LIVE

1996/1997, Öl auf Leinwand 24 x 30

OHNE TITEL

1997, Öl auf Leinwand 24 x 30

  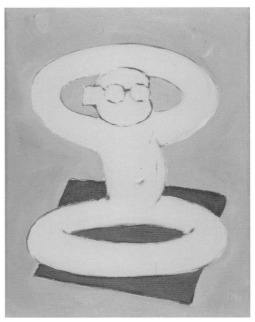

WIR SIND UNS UNEINIG A, B & C

1998, Öl auf Leinwand, je 40 x 30

Indians in the Snow

»Country-Rock aus Texas. Exklusiv! Erstmalig in Europa!« So stand es auf den Flyern der »Indians in the Snow« geschrieben, die vor einem ihrer ersten Auftritte produziert wurden. Vorher gab es eine Photosession im Atelier von Stefan Kummer an der Obergasse, wo die beiden »Indians« vor Kamera mit Selbstauslöser in verschiedenen Outfits posierten. Die so entstandenen Bilder konnten gut für den Flyer verwendet werden.

Diesem Ereignis vorausgegangen ist eine langjährige Freundschaft zwischen Stefan und mir, die im Frühling 1982 an der Kantonalen Schule für Gestaltung in Biel ihren Anfang nahm. Meine früheste Erinnerung an ihn ist seine spezielle Erscheinung mit einer Art schwarzem Feuerwehrmantel und dem markanten, altmodisch elegant gedrehten Schnauz. Seither war Stefan einfach der »Schnouz«, ein Name der wohl vom damaligen Vorkurskollegen Daniel Gautschy, einem Punk aus dem Aargau, eingeführt wurde (mir verpasste er zur gleichen Zeit den Namen »Fernfahrer«). Mit ihm wohnte Stefan einige Zeit in Bözingen zusammen.

Immer in Schnauz seiner Griffnähe war die weiss angestrichene, akustische Feld-, Wald- und Wiesengitarre. Irgendwann kamen wir auf den alten Folksong »Tom Dooley«, der zwischen uns musikalische Bande knüpfte. Zu dieser Zeit war in der »Szene« eher Punk oder Sixties-Rock angesagt – mit unserem Geschmack standen wir etwas quer in der Landschaft. Ausserdem fanden wir heraus, dass mit einem Metallmassstab das ganz entzückende Geräusch eines schwirrenden Pfeils erzeugt werden kann. Die gemeinsame Freude an solch belanglosen Sachen war so eines der vielen Zeichen unseres ganz ähnlichen Humors – selten konnte ich mit jemandem so lachen wie mit ihm. Das eine führte zum anderen und über die Jahre hinweg entstanden einige gemeinsame musikalische Projekte. Ich habe versucht, sie so gut wie möglich zu rekonstruieren. Einiges kommt mir vor, als wär's erst gestern gewesen, anderes habe ich mit Sicherheit vergessen …

Juni 1984: »The Struggers« in Aurigeno TI

Dieses spontane Projekt bestand nur während der Dauer eines einwöchigen Studienaufenthalts im Tessin unter Mitwirkung von Schnouz, Mischa Dickerhof, mir und wer-gerade-anwesend-war. Es existiert eine Kassettenaufnahme mit einer seltsamen Mischung aus Fugs, Nella Martinetti und Heino. Und es gab einen einzigen Auftritt mit einem einzigen Song »We are the Struggers« am Ufer der Maggia.

Juli 1989: Barcelona

Schnouz lebte mittlerweile in Barcelona, wo ich ihn einige Male besucht habe – so auch in jenem Sommer. In seiner Wohnung oberhalb der Metzgerei sassen wir am Küchentisch, auf dem eine überreife Melone lag … Es herrschte immer noch brütende Hitze, obwohl Mitternacht längst vorüber war und wir improvisierten die ganze Nacht weiter Country-, Elvis- und Simon-und-Garfunkel-Songs. Gegen Morgen – die Sonne ging bereits auf – klingelte es – Stopp! Polizia! Schhht… Absolute Ruhe – die wollten wir nicht reinlassen und wurden mucksmäuschenstill.

24. November 1990: Kunstmausoleum, Biel

Ausstellung von Stefan Kummer im Kunstmausoleum (Ex-Polstergruppe) in Biel. Die Band, die an der Vernissage spielen sollte, hatte einen Tag vorher abgesagt. Wir beschlossen, als Ersatz selbst aufzutreten. Das Repertoire entstammte hauptsächlich dem kleinen Pfadi-Song-book (Schneider-Buch) von Schnouz. Er spielte Gitarre und Banjo, ich spielte Schlagzeug, etwas Tasten und Schnurregiige, der Gesang kam von uns beiden und Nik Thönen spielte bei diesem Auftritt Bass. Im Keller des Bielerhofs probten wir einige Stücke aus dem Great American Songbook, nur etwa bis zum Refrain, richtig üben mochten wir dann doch nicht. Nach etwa einer Stunde reichte es auch, schliesslich sollte die Spontaneität beim Auftritt am nächsten Tag erhalten bleiben. Franziska Hügli nähte uns dafür einen Feder-Kopfschmuck und zur stimmigen Atmosphäre wurde ein Spielzeugtipi aufgestellt. Draussen schneite es. Was den im Publikum anwesenden Lorenzo le kou Meyr zum Ausspruch veranlasste: »Hey, spielt doch einmal Indians in the Snow«. Wir spielten und hatten fortan einen Namen.

25. Dezember 199x: Polizeiposten Stadtpolizei, Biel

In der Presse konnte immer wieder gelesen werden, wie es die Stadtpolizei doch so schwer hätte. Es wurde also beschlossen, Georg Kreislers Lied »Schützen wir die Polizei« zu Weih-nachten der Polizei auf dem Posten als Ständchen zu bringen. Unterstützt wurden wir durch ganz viele Mitsinger, die vorher die »Perversita«, die legendäre, alljährlich am Abend des 25. Dezembers stattfindende Kunstausstellung in Biel, besucht hatten. Von der Polizei wurden Photos gemacht aus lauter Verzückung.

Dezember 1992: »Sans Souci Big Band« im Kreuz, Nidau

Diese Gruppe war eine »Live-Karaoke-Band«, bei der Sänger/-innen aus dem Publikum den Leadgesang übernahmen und von der Band begleitet wurden. Treibende Kraft hinter diesem Projekt war Martin Schori, der eine ganze Reihe von Musikern zusammentrommeln konnte (z.B. Schnouz als Gitarrist, ich an der Farfisa-Orgel). Später folgten Auftritte u.a. in Thun, Fribourg, La Chaux-de-Fonds, am Pod'Ring und in St. Gallen an der «Olma».

30. Dezember 1993: »Indians in the Snow« in der Galerie Boulangerie, Biel

Das erste Konzert als Band »Indians in the Snow« fand in der kurzlebigen Galerie Boulan-gerie am Brühlplatz statt. Wir konservierten es mit Walkman und konnten einen Teil der Aufnahme für die geplante Kassette verwenden.

INDIANS IN THE SNOW

(Photos: Selbstauslöser)

4. Februar 1994: »Indians in the Snow« im Kunstmausoleum, Biel

An einem Nachmittag im Januar nahmen wir die bereits live erprobten Songs mit dem 4-Spur-Tascam im Keller des Bielerhofs auf. Im Schaufenster der Mühlebrücke Apotheke entdeckten wir einige leere, metallene Medizindosen, die dort zum Verkauf angeboten wurden, erwarben davon, was zu haben war, und füllten sie mit Kunstschnee aus Sagexkügelchen. Darin versenkten wir die frisch produzierte Kassette, zusammen mit einem Stück Skalp als Schlüsselanhänger und einer kleinen Tüte Ketchup zur Abrundung. Nach dem Konzert boten wir diese, unsere einzige Veröffentlichung, zum Verkauf an – sie war im Nu weg!

26. Februar 1994: »Indians in the Snow« im Vinyl Overdose, Biel

Eröffnung des Ladens am neuen Standort Ecke Untergasse/Collègegasse.

12. März 1994: »Indians in the Snow« im Zorrock, La Chaux-de-Fonds

Im Keller des Plattenladens Zorrock war das Publikum überschaubar, aber dafür erhielten wir eine Pizza »Texas Style« als Geschenk.

8. September 1994: »Indians in the Snow« im Centre PasquArt, Biel

17. Dezember 1994: »Indians in the Snow«, Atelierkonzert Urs Dickerhof

Da wir nie ein eigenes Schlagzeug gehabt hatten und für diesen Abend keines »frei« war, wurde aus mehreren Kartonkisten eins gebastelt.

25. Dezember 1994: »Indians in the Snow« an der Perversita, Dachstock Alte Krone, Biel

Einige Tage vorher hatten wir in Schnouz seinem Atelier an der Obergasse einige Weihnachtslieder wie »Blue Christmas« oder »Jingle Bells« einstudiert, die wir zum festlichen Anlass im Turm der Alten Krone uraufführten.

30. Dezember 1994: »Indians in the Snow« an der Pianostrasse, Biel

Ein WG-Hauskonzert, das von Karim Patwa gefilmt wurde.

1. April 1995: »Indians in the Snow« im St. Gervais, Biel

Daran habe ich keine Erinnerung mehr …

10. Juni 1995: »Indians in the Snow« im Kunstmausoleum, Biel

Schon wieder …? Hier aber zur Abwechslung mit Dänu als zweitem Gitarrist.

25./26. August 1995: »Indians in the Snow« beim Vinyl Overdose, Biel

Es war Altstadtchilbi und wir spielten zwischen Bar und Passanten.

2. November 1995: »Indians in the Snow« in der Coupole, Biel

Das war wohl irgend eine Benefiz-Veranstaltung. Da standen wir plötzlich auf dem Plakat und wussten nicht, wie wir draufgekommen sind, also spielten wir.

24./25.11.1995: »100 Jahre Film«, Kunstmausoleum, Biel

Karim Patwa organisierte im Kunstmausoleum ein kleines Filmfestival und wir sollten auch einen Film zeigen. Den mussten wir aber zuerst produzieren, mit Videokamera und Stativ, so brauchten wir keinen Extra-Kameramann. Die Kamera wurde an verschiedenen Orten aufgestellt, die zu Fuss möglichst einfach zu erreichen waren. Das leere Gassmann-Areal wurde zur Prärie, das Tipi war einziges Requisit. Handlungsmässig bestand der Streifen daraus, dass wir immer wieder ins Bild hinein und wieder hinaus liefen. Die paar Minuten Film wurden zum Zweiteiler »When Indians started to walk Part 1« und »When Indians started to walk Part 2« zusammengeschnitten; als Soundtrack legten wir eine alte Indians-Aufnahme darüber. Für die Vorführung am Filmfestival musste der Film zuerst vom Videobildschirm abgefilmt und auf Super-8 kopiert werden – was dazu führte, dass bei der Projektion ständig schwarze Balken über das Bild wanderten.

8./9. Dezember 1995: »Original Soda Swing Combo« im Filmpodium, Biel

Einmaliges Projekt im Rahmen einer Ed-Wood-Retrospektive im Filmpodium. Ed Wood gilt als «schlechtester» Regisseur, wir wollten als «schlechteste» Band gelten. Hier waren ausser Schnouz und mir auch Martin Schori und andere beteiligt.

9. Februar 1996: »Indians in the Snow« in Lausanne

Wir spielten an der Vernissage einer Ausstellung von Christophe Lambert. Als »Anheizer« zeigten wir »When Indians started to walk Part 1 & 2« und staunten nicht schlecht, als die Zuschauer danach sogar klatschten.

13. Juni 1996: »Indians in the Snow« in Aurigeno TI

Ein Problem für uns waren Auftritte ausserhalb Biels, da wir als Nicht-Autofahrer immer erst Fahrzeug/Chauffeur organisieren mussten (das Equipment in der näheren Umgebung transportierten wir jeweils mit Veloanhänger). Als wir angefragt wurden, im Tessin zum Geburtstag von Jürg Häusler, Künstler und Lehrer an der Schule für Gestaltung Biel, zu spielen, war das für uns natürlich Ehrensache – »back to the roots« nach zwölf Jahren. Als Fahrer konnten wir Dave Tucker mit dem 2CV von Chri Frautschi gewinnen und hatten reichlich Zeit herauszufinden, wo das Maggiatal ganz hinten eigentlich aufhört. Hank Williams lieferte im Autokassettengerät den passenden Soundtrack, als wir im allerhintersten Winkel des Tals plötzlich einige riesige Tipis erblickten – ein Bild, das uns fortan begleitete. Auf der Rückfahrt aus dem Tessin machten wir Halt in Luzern.

15. Juni 1996: »Indians in the Snow« in Luzern
Open Air WG. Karim war der Conférencier des Abends; er hatte immer wieder einige unserer Auftritte gefilmt – jetzt macht er richtige Spielfilme. Erstaunlich wurde die Walkman-Aufnahme des Konzerts: Das Schlagzeug tönte wie eine Autotür, die immer wieder zugeschlagen wird.

29. Juni 1996: »Indians in the Snow« an der Barbarie, Biel
Da müsste man die Zuschauer/-innen fragen, ob wir da wirklich aufgetreten sind – ich kann mich nicht daran erinnern …

9. Juli 1996: »King« am Pod'Ring, Biel
Im Rahmen des Projekts »Invaders from Mars«, einem von Christophe Lambert gestalteten Comic mit Elvis-Presley-Bezug, gründeten wir kurzerhand die Gruppe »King« (Schnouz und Reto Meichtry: Gitarre; Fernfahrer: Gesang; Matthias Wyder: Kontrabass; Luzius Wyser: Schlagzeug; später manchmal unterstützt durch wechselnde Background-Sängerinnen). Wir spielten Elvis Presley-Songs und legten grossen Wert auf den optischen Auftritt: So entstieg zu Anfang des Auftritts unter Einsatz von viel Trockeneis-Nebel »Elvis« aus einem auf die Bühne getragenen Sarg, in den er sich nach dem Konzert von knapp 30 Minuten – nie länger und keine Zugaben – wieder hineinlegte. Besonders eindrucksvoll passierte das, als wir auf der Kirchenterrasse spielten und der Sarg wieder in die Kirche zurückgetragen wurde. Die Worte eines Elvis-Fans, den ich durch den geschlossenen Sargdeckel vernahm, habe ich jetzt noch im Ohr: »Zunageln, damit der nie mehr rauskommt …!« Der Auftritt wurde ein voller Erfolg und wir konnten in den nächsten Jahren noch einige Gastspiele geben.

19./20./21. Juli 1996: »Indians in the Snow« im Filmpodium, Biel
Musikalische Begleitung zu einem Zyklus von Western-Filmen. Wir musizierten vor und nach den Filmen in der Bar.

17. August 1996: »King« in der Usine, Genève
Ein Abend mit rund einem Dutzend Elvis-Coverbands. Wir reisten mit einem gemieteten Car und vielen Fans im Schlepptau an. Der Chauffeur machte es sich während des Anlasses (der bis in die frühen Morgenstunden dauerte) im Car gemütlich und schlief vor.

30. August/1. September 1996: »Indians in the Snow« beim Vinyl Overdose, Biel; 31. August 1996: »King« beim Vinyl Overdose, Biel
Es war wieder Altstadtchilbi und wir spielten als »Indians in the Snow« zum Tanz auf. Für einen Abend wechselten wir Stil und Klamotten und wurden zu »King«. Dieser Auftritt war

INDIANS IN THE SNOW, 1997

(Photo: Susanne Kummer)

nicht zuletzt deshalb erinnerungswürdig, weil Fan Joe so aus dem Häuschen war, dass er den Geranienschmuck vom Stadtbrunnen um die Ecke enthusiastisch auf die Bühne warf.

6. September 1996: »Indians in the Snow« im St. Gervais, Biel
Wir hatten offenbar gar keine Skrupel, innerhalb weniger Tage nur ein paar Meter weiter schon wieder aufzutreten …

13. September 1996: »Indians in the Snow« an der Bieler Messe, Biel
Charly Kunz moderierte den Anlass und hiess »alle Indianderfreunde« herzlich willkommen. Wir setzten beim Song »White Christmas« als Spezialeffekt neuerdings einen Riesensack Sagexkügeli ein. Dieser wurde während des Songs von willigen Helfern ganz sachte über uns entleert. Die statisch aufgeladenen Kügelchen sind sicher bis Ende der Messe als Souvenir dort kleben geblieben.

28. Juni 1996: »Indians in the Snow« im Kreuz, Nidau
Diesmal mit Spezialgästen wie Alain Imer an der Trompete (»This Land Is Your Land«) und Martin Schori an der Gitarre. Die Sagexkügeli kamen wieder zum Einsatz – es war das Abschlussfest des »alten« Kreuz-Teams.

20. Dezember 1996: »Indians in the Snow« im Restaurant Bahnhof, Mett
Auch hier spielten wir zur »Uustrinkete«, das Restaurant schloss seine Türen. Nachbarn, welche die Musik hörten, kamen neugierig und begeistert vorbei.

31. Dezember 1996: »King« in der Coupole, Biel
Wir rockten ins neue Jahr!

22. Februar 1997: »Indians in the Snow« in Burgdorf
Zum Geburtstag von Stefans Vater, Heinz Kummer, spielten wir auf dem Perron des Bahnhofs Burgdorf und im Restaurant. Mit einer alten Dampflok ging es ins Emmental, und sie eignete sich vorzüglich, um einige neue »Pressephotos« zu schiessen, die wir fortan verwendeten.

7. März 1997: »King« in Lausanne; 8. März 1997: »King« in La Chaux-de-Fonds
Diese beiden Daten stehen in meiner Agenda. Ob die Anlässe wirklich stattgefunden haben? Die Erinnerungen sind widersprüchlich.

19. April 1997: »Indians in the Snow« an einem Hausfest, Bern
Wir spielten im Treppenhaus – die Akustik war phänomenal! Es war der Geburtstag von Schnouz, ich hatte ihm einen Plastikkassettenrecorder »My first Sony« geschenkt. Damit nahmen wir das Konzert auf, die Low-Fi-Aufnahme brillierte mit einer nie dagewesenen Trash-Qualität.

April 1997: »Indians in the Snow« – Aufnahme einer Vinyl-Single (»Country Boy«) als Gäste bei »Salmonella Q« im Soundville Studio Luzern
Mit dieser grossen Bieler Band würden wir in Zukunft noch einige gemeinsame Auftritte absolvieren, an denen wir diesen Hit spielten.

28. Juni 1997: »King« im El Internacional, Zürich und »Indians in the Snow« im Atelier Töpferstrasse, Zürich (mit Cornelia Grolimund als Gastsängerin)
Als »King« spielten wir zum Auftakt einer einwöchigen Tournee (unserer einzigen), die von Alain Meyer unter dem Namen »Cirque électrique« organisiert wurde. Ein ganzer Trupp von Musikern wie »The Dead Brothers«, »Dèche dans Face«, »Al Comet«, »Les Maniacs« etc. war gemeinsam unterwegs. Am ersten Abend präsentierten wir uns gleich als zwei verschiedenene Bands an zwei unterschiedlichen Orten: Wir hatten bereits vorher zugesagt, als »Indians in the Snow«, unterstützt von Matthias Wyder am Kontrabass, an einer Ateliereröffnung auf-zutreten. Das Highlight fürs Zürcher Publikum war der Auftritt unserer Gastsängerin Cor-nelia Grolimund (Zürcher Sängerin, Model und It-Girl), die für einige Songs das Mikrofon übernahm. Sie war eigens vorher nach Biel gekommen, wo wir in der Bar am Schlossergässli solche Evergreens wie »Song Sung Blue«, »Porque te vas« oder »Siebenmeilenstiefel« probten. Um es aber noch besser hinzukriegen, besuchten Schnouz und ich die Sängerin später in Zürich, wo die Arrangements perfektioniert wurden. Leider verpassten wir den letzten Zug zurück nach Biel und checkten im Rock-Hotel ein. Wir übernachteten im Genesis-Zimmer.

29. Juni 1997: »King« im Ziegel au Lac/Rote Fabrik, Zürich

1./2. Juli 1997: »King« im Case à Chocs, Neuchâtel

3. Juli 1997: »King« im Café du petit Paris, La Chaux-de-Fonds

4. Juli 1997: »King« im Dachstock Reithalle, Bern

15. Juli 1997: »Indians in the Snow« am Pod'Ring, Biel

19. September 1997: »King« im Dolce Vita, Lausanne
Als Hommage an Prinzessin Diana, die kurz vorher tödlich verunglückt war, nahmen wir den Paul Anka-Song »Diana« ins Repertoire auf. Die lebensgrosse Pappfigur von ihr, die zusam-men mit Elvis dem Sarg entstieg, erntete nur verhaltenen Beifall ...

18. Oktober 1997: »Indians in the Snow« als Gäste bei »Salmonella Q«, Aarburg

24. Oktober 1997: »Indians in the Snow« als Gäste
bei »Salmonella Q«, Plattentaufe im Atlantis Basel

26. November 1998: »Indians in the Snow« als Gäste
bei »Salmonella Q«, Coupole, Biel
Für die Einleitung des Auftritts im Chessu wurde ein kleiner Film gedreht. Handlung: Die »Indians in the Snow« horchen auf der Brache Schnyder-Areal an den alten Bahnschienen. Schnitt: Sie besteigen auf dem Bahnhof Biel einen Zug, winken aus dem Fenster und fahren ab. Ende. Nicht gefilmt wurde, wie wir beim Bahnhof Mett wieder ausstiegen und mit dem Bus ins Zentrum zurückfuhren. Wir sprachen darüber, was wir wohl mit unserer Gage anfangen wollten, ob es vielleicht eine gute Idee gewesen wäre, davon Ölaktien zu kaufen. Die verwunderten Blicke der Fahrgäste waren uns in unseren »Indians«-Outfits sicher.

25. Januar 2001: »King« im Théâtre de Poche, Biel
Der letzte Auftritt dieser Formation. Am Schluss brach der »Elvis-Sarg« beim Transport auseinander. Das reparierte Stück ging später als Schenkung aufs Expo.02-Schiff, wo er u.a. von der Band »The Dead Brothers« eingesetzt wurde.

24. November 2001: »Indians in the Snow« als Gäste
bei »Apocalypse Snow«, Coupole, Biel
Eine aufwändig inszenierte Show mit Guitol und der Band »Yellow Snow« und mit ganz vielen Gastmusikern. Wir spielten zwei Songs, Daniel Borer war inzwischen als Bassist zu uns gestossen, Simon Gerber begleitete auf der Slidegitarre und Guitol gab ein Schnurregiige-Solo zum Besten.

31. Juni 2003: »Indians in the Snow« in der Villa Lindenegg, Biel

29. November 2003: »Indians in the Snow« in der Villa Lindenegg, Biel

2. Juli 2004: »Indians in the Snow«
an der Vollmondbar im Pavillon, oberhalb Biel
Unser letzter, »richtiger« Auftritt – aber das war uns in dem Augenblick nicht bewusst.

24. März 2005: »Indians in the Snow« in der Coupole, Biel
Oder war das unser letztes Mal? Spielten wir da vielleicht nur ein, zwei Stücke im Rahmen eines Festivals oder als Gäste einer anderen Band? Ich weiss es nicht (mehr) …

Oliver Salchli

Wer wird den Regen stoppen?

(Musik komponiert und gesungen von Stefan Kummer, CD 2000)

Solange ich mich erinnere,
kam der Regen herunter,
Wolken schütteten Verwirrung auf den Grund.
Gute Menschen versuchten, durch ihre Zeiten
die Sonne zu finden.

Und ich frage mich, noch frage ich mich:
Wer wird den Regen stoppen?

Ich ging hinunter nach Virginia,
suchte Schutz vor dem Sturm.
Gefangen in der Fabel,
beobachtete ich den wachsenden Turm.
Fünf Jahre Pläne und neue Geschäfte –
eingehüllt in goldene Ketten.

Und ich frage mich, noch frage ich mich:
Wer wird den Regen stoppen?

Ich hörte die Sänger singen.
Wie wir für mehr gejubelt haben.
Die Menge eilte zusammen,
versuchte, sich warm zu halten.
Noch hielt der Regen an –
fallend auf meine Ohren.

Und ich frage mich, noch frage ich mich:
Wer wird den Regen stoppen?

Sinopsis einer Bildwelt

Die Welt, wie sie der Mensch sieht, hat die Zukunft schon erlebt. Sie ist als solche gefangen im Teufelskreis einer Marktwirtschaft, die nur durch Wachstum existieren kann. Die träge Menschenmasse blendet die Tatsache einfach aus, dass der Planet nicht mitwächst.

Ursprünglichkeiten wie sie die Geschichte beschreibt oder Herkunft und Traditionen, Eigenheiten, Eigenschaften und bewährte Zivilisationsmuster zerfallen in Fragmente. Sie scheinen sich selbst zu zerfetzen und prallen nicht selten aufeinander, denn sie tanzen wie heimatlose Schnecken oder düsengetriebene Fliegen wild im Äther umher, treffen mitunter auf kahle Igel oder contergangeschädigte Pferde, rasen durch ausgetrocknete Wolken und treffen dann vielleicht auf geschmolzenen Sand.

Wenn ich so die Nochwelt betrachte, fällt mir unbedingt auf, dass eine immer grösser werdende Menschenmenge das Prinzip der Existenz nunmehr auf Null und Eins zu reduzieren scheint. Daher kommt die Verblendung, an einen immer dümmer werdenden Fortschritt glauben zu müssen, der die immense Ignoranz von Zwei bis Unendlich erzwingt.

IM ATOMIC IN BIEL

(Photo: unbekannt)

Der einzelne Gegenstand ist daher seiner eigentlichen Bedeutung beraubt worden, ist somit austauschbar und inhaltslos. Es bleibt also eine fast unüberschaubare Fülle von Fragmenten und Trümmern, die ich frei nach neuen Mustern zusammenfügen kann. Es entsteht das Bedürfnis, neue Spannungen, Harmonien und Strukturen zu entwickeln. Das Vermengen von Hass mit Liebe, Havarie mit Erhabenheit, Sinnlichkeit mit Unsinn, schlecht mit schlicht, farb mit karg, fahl mit kahl, grau mit schlau, Primzahl mit Abwahl, schwach mit krass, Zahn um Zahn mit Aug um Aug, oben mit unten, Dreck mit Fleck provoziert ein Kondensat im grossen Tohuwabohu, das sich unmittelbar wieder seiner Auflösung hingibt.

Es ist, als ob man die Zeit anhält und sie umgehend wieder weiterlaufen lässt.

Zdevan Qumr Stefan Kummer 16. Dezember 2011

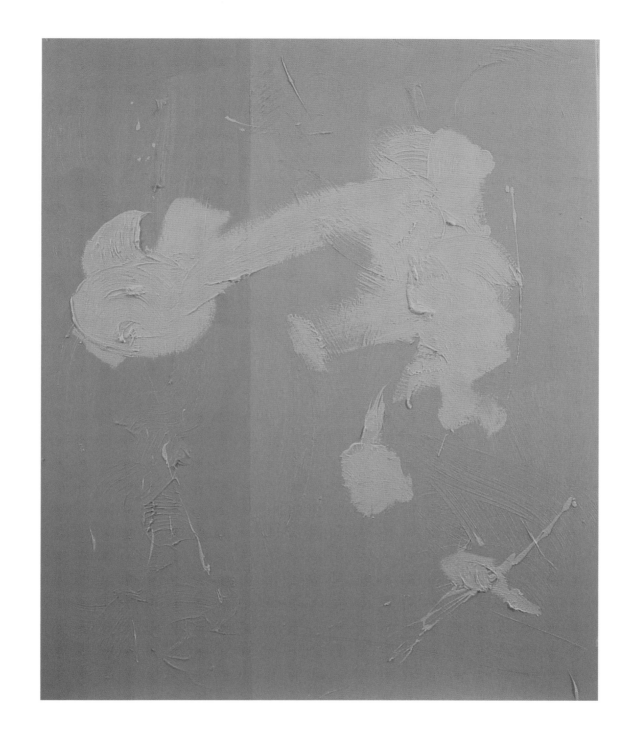

HIVER ET 25 MINUTES / HIBIERNO Y 25 MINUTOS

2004, Öl auf Leinwand 100 x 80

DEHORS IL FAIT MAUVAIS TEMPS / POR FUERA HACE MAL TIEMPO

2004, Öl auf Leinwand 100 x 80

PRINTEMPS ANTICIPÉ / PRIMAVERA ANTICIPADA

2004, Öl auf Leinwand 100 x 80

AUX BREULEUX: LE DOUZE DÉCEMBRE / EL DOCE DI DICIEMBRE

2004, Öl auf Leinwand 100 x 80

LE CONCERT / EL CONCIERTO

2004, Öl auf Leinwand 100 x 80

LUNDI AU DESSUS DU LAC DE BIENNE / LUNES POR ENCIMA DEL LAGO DI BIENNA

2004, Öl auf Leinwand 100 x 80

LE RÊVE D'UN POISSON / EL SUEÑO DE UN PEZ

2004, Öl auf Leinwand 100 x 80

Geschichten,
die ich nicht vergesse

Lieber Schnouz, eines Tages warst du da: Im Vorkurs der Bieler Schule für Gestaltung, danach in der Fachklasse für Grafik – allerdings nur vorübergehend – denn du tauchtest ziemlich unvermittelt ab und erst in Barcelona wieder auf. Dort besuchten wir dich, wir, deine Schule, aus der du entschwunden warst. Vielleicht war dies einer der Gründe, warum du später zurückgekommen bist, warum du dich festgesetzt hast in Biel.

Im Vorkurs bist du aufgewacht, behaupte ich. Der Vorkurs als point de départ, von dem aus man sich auf unterschiedlichste Weise auf den Weg in eine ideenreich geprägte Zukunft begibt: uneingeschüchtert, quicklebendig, mit sicherer Skepsis und berechtigten Vorbehalten, einfach so und nichts wie los – du hast es getan. Deine Wahl des Weges und der Mittel unterstand dabei vielen Zweifeln und Konflikten. Das machte ein Vorankommen sowohl beschwerlich, als auch abenteuerlich, aufregend und überraschend. Deine Bereitschaft, Umwege zu beschreiten, eröffnete dir eine Fülle von uneingeschränkten Aussichten. Und nur so – ausgesetzt und unangepasst, auf der Suche nach Identität, nach Besonderheit – konnte schliesslich der Versuch gelingen, selten zu sein.

Es gibt viele Bilder von dir. Manchmal hast du welche gezeigt, doch nie alle. Du hast sie oft für dich behalten, denn es ist ein einsames Spiel, sich bildnerischen Einfällen auszusetzen. Und das Ich ist auch eine Maske. Ich erinnere mich jedoch mit Vergnügen an genussvoll unschlüssige und polemische Gespräche. An Gespräche zwischen allen Stühlen und Bänken. An sperrige Gedanken wie Offenbarungen vom Rand einer insgeheim augenzwinkernden Welt. Du warst jederzeit bereit, dein Gleichgewicht zu riskieren. Sei's in deiner Bilderwelt oder mit geflügelten Worten, sei's aus Übermut oder um dem Leben ein Schnippchen zu schlagen.

Du hast dazugehört. In der Bieler Kunstszene hast du dir einen ganz eigenen, einen eigenbrötlerischen Platz erobert. Dem bist du an einem heissen Sommertag entflogen, doch entkommen wirst du ihm nicht, denn deine Bilder bleiben und berichten weiterhin von dir. Sie werden uns an ganz schön eigenwillig pointierte Ansichten erinnern, an eher kühne Behauptungen, an widersprüchliche und anmassende Geschichten – einfach an dich und deine Art, die Dinge zu betrachten – denn schliesslich ist nur selten etwas schöner als das Erfundene.

Lieber Schnouz: Es gibt Bilder, die lernen uns sehen, und es gibt Geschichten, die man nicht vergisst. Deine Bilder und deine Geschichten werden zweifellos noch lange in unserem Leben dabei sein und uns daran erinnern, dass da einer zu uns gehörte, der uns nun fehlt.

Urs Dickerhof

DEUX TRAITS / DOS RAYAS

2004, Öl auf Leinwand 100 x 80

GRINCER / RECHINAR

2005, Öl auf Leinwand 100 x 80

BEAUFORT / BEAUFORT

2005, Öl auf Leinwand 100 x 80

LA CORDE ROUGE EN ÉTÉ / EL CORDEL ROJO EN VERANO

2005, Öl auf Leinwand 100 x 80

ROUGE : TROIS FOIS / ROJO: TRES VECES

2005, Öl auf Leinwand 100 x 80

AU DESSOUS D'UNE MERDE DE CHIEN / POR DEBAJO DE UNA CACA DE PERRO

2005, Öl auf Leinwand 100 x 80

Sagenhaft

Corinne erzählt mir, dass jemand
drei Milliarden gestohlen hat,
dass sie aber nicht weiss wo,
dass sie auch nicht weiss wer,
dass sie es in der Zeitung gelesen hat,
und dass sie nicht einmal weiss
in welcher Währung.

Zdevan Qumr Stefan Kummer

NI VANILLE, NI FRAISE / NI VANILLA, NI FRESA

2005, Öl auf Leinwand 100 x 80

SORTANT D'OÙ? Y ALLANT OÙ? / DESDE DONDE – A POR DONDE?

2005, Öl auf Leinwand 100 x 80

DES DIRECTIONS ENTRE SOI / DIRECCIONES ENTRE SÌ

2005, Öl auf Leinwand 100 x 80

IM ATOMIC IN BIEL

(Photo: unbekannt)

HOMMAGE À MICHAEL MEDICI / HOMENAJE A MICHAEL MEDICI

2005, Öl auf Leinwand 100 x 80

LEÇON DE COUTURE / LECCIÓN DE COSER

2005, Öl auf Leinwand 100 x 80

SURTOUT BLEU / SOBRE TODO AZUL

2005, Öl auf Leinwand 100 x 80

DEUX DOIGTS / DOS DEDOS

2006, Öl auf Leinwand 100 x 80

DEUX FLAQUES / DOS CHACOS

2006, Öl auf Leinwand 100 x 80

BUISSON / ARBUSTO

2006, Öl auf Leinwand 100 x 80

(Photo: Selbstauslöser)

SURTOUT VERT (LE POINT) / SOBRE TODO VERDE (EL PUNTO)

2006, Öl auf Leinwand 100 x 80

PETIT CARRÉ / CUADRATITO

2006, Öl auf Leinwand 100 x 80

JAUNE MAIGRE / ESCASO AMARILLO

2006, Öl auf Leinwand 100 x 80

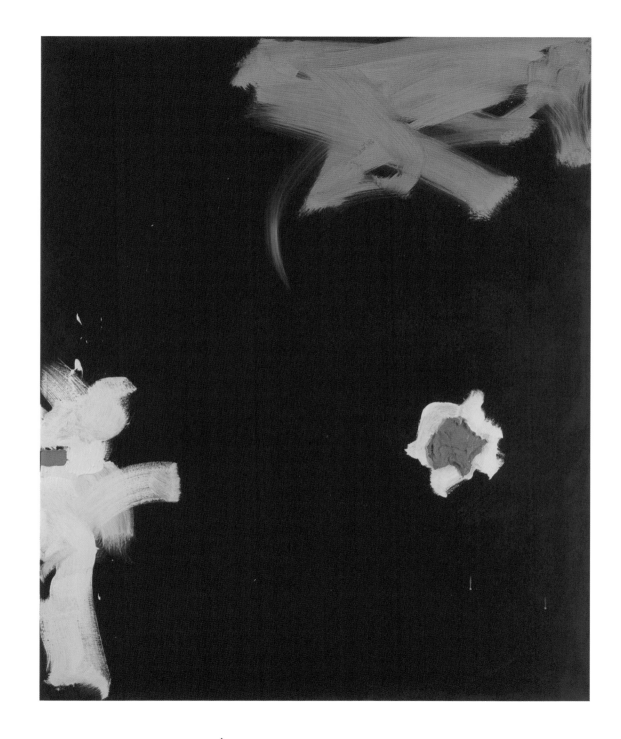

ROUGE, ENVIRONNÉ DE BLANC / ROJO, RODEADO DE BLANCO

2006, Öl auf Leinwand 100 x 80

LE VERT PARESSEUX / EL VERDE PEREZOSO

2006, Öl auf Leinwand 100 x 80

LE MATIN APRÈS L'ORAGE / LA MAÑANA TRAS LA TORMENTA

2006, Öl auf Leinwand 100 x 80

L'ANNEAU TRIANGULAIRE / EL ANILLO TRIANGULAR

2006, Öl auf Leinwand 100 x 80

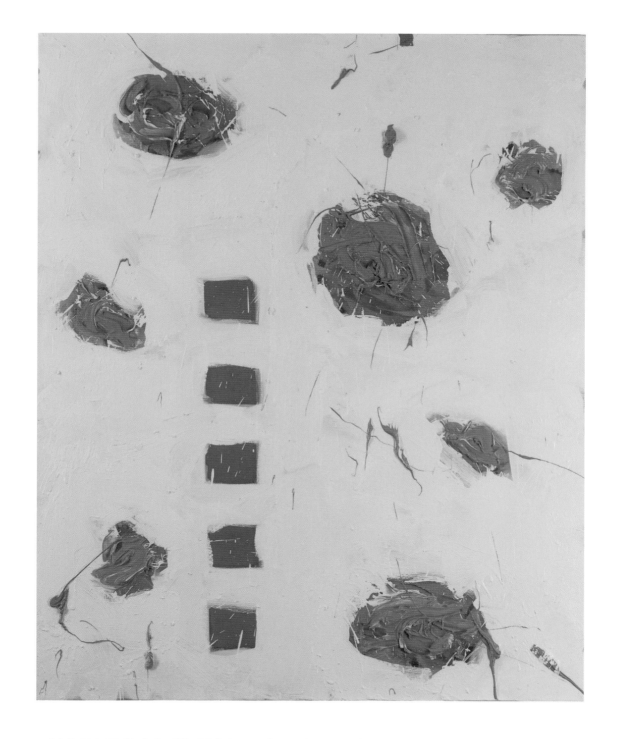

LUNDI SUR LA CIME DU MONT / LUNES EN LA CIMA DEL MONTE

2006, Öl auf Leinwand 100 x 80

IM ATOMIC IN BIEL

(Photo: unbekannt)

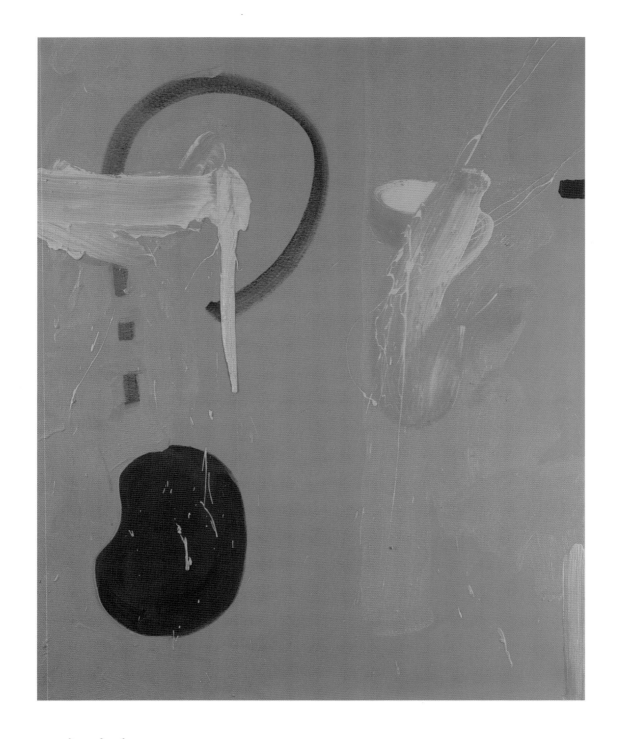

À CÔTÉ D'UN TROU VERT / AL LADO DE UN AGUJERO VERDE

2006, Öl auf Leinwand 100 x 80

SAUTER TOUT EN HAUT / SALTAR HASTA ARRIBA

2006, Öl auf Leinwand 100 x 80

POINT SUR LIGNE / PUNTO SOBRE LINEA

2006, Öl auf Leinwand 100 x 80

TROIS CERCLES COUCHÉS / TRES CIRCULOS ACOSTADOS

2007, Öl auf Leinwand 100 x 80

LE JAUNE QUI NE TOUCHE PAS / EL AMARILLO QUE NO TOCA

2007, Öl auf Leinwand 100 x 80

L'ÉTÉ INEXISTANT / EL VERANO INEXISTENTE

2007, Öl auf Leinwand 100 x 80

ÉTRIER USURPANT / ESTRIBO USURPANTE

2008, Öl auf Leinwand 100 x 80

SECOUER / SACUDIR

2008, Öl auf Leinwand 100 x 80

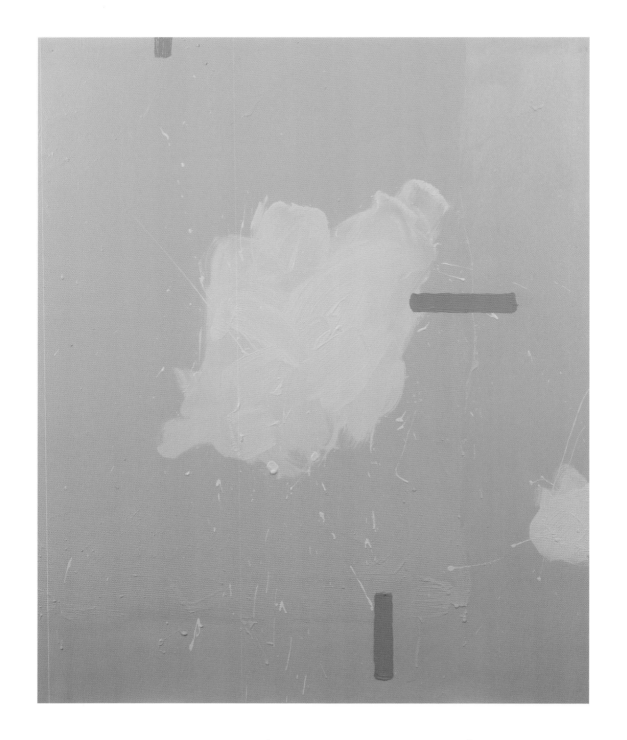

UN NUAGE INTRÉPIDE / UNA NUBE ATREVÍDA

2008, Öl auf Leinwand 100 x 80

LIEU DE LA RENCONTRE / LUGAR DEL ENCUENTRO

2008, Öl auf Leinwand 100 x 80

JARDIN MATINAL / JARDÍN MADRUGADOR

2008, Öl auf Leinwand 100 x 80

UN PAS / UN PASO

2008, Öl auf Leinwand 100 x 80

LES PROMENEURS / LOS PASEANTES

2008, Öl auf Leinwand 100 x 80

ÉGRATIGNURES / ARAÑAZOS

2008, Öl auf Leinwand 100 x 80

Für meine Bilder sehe ich als Erstes eine Bildidee irgendwo im Alltag, in der Natur oder sonstwo. Ins Skizzenbuch zeichne ich allerdings nur die Bildidee auf und ignoriere das jeweilige Objekt oder die sonstige Begebenheit als solche.

Beim Malen auf der Leinwand arbeite ich die Komposition meist noch um und integriere sie in ein ungefähres Raster, das auf dem goldenen Schnitt basiert. Ferner geht es um das Weglassen unwichtiger Bildelemente, was aber nicht heisst, dass rein malerische Qualitäten ausgeblendet werden. Im Gegenteil erlaube ich mir, Grundzüge der Komposition in (nur) malerischer Gestik einzubringen. Wichtig ist vor allem, dass alle im Bild enthaltenen Elemente präsent sind und miteinander korrespondieren, harmonieren, reagieren oder eben gerade nicht; sie müssen bildlich funktionieren.

Während des Malprozesses entsteht dann ein weiteres, wichtiges Element: Aus dem werdenden Bild entwickelt sich ein Titel, den ich der unzähligen Spielformen wegen in Französisch, Englisch und/oder Spanisch halte. Dieser hat mit dem jeweiligen Objekt oder der sonstigen Begebenheit – vor der anfänglichen Notiz im Skizzenbuch – nie etwas zu tun.

Zdevan Qumr Stefan Kummer

AU SALON DE COIFFURE / EN LA PELUQUERÌA

2009, Öl auf Leinwand 100 x 80

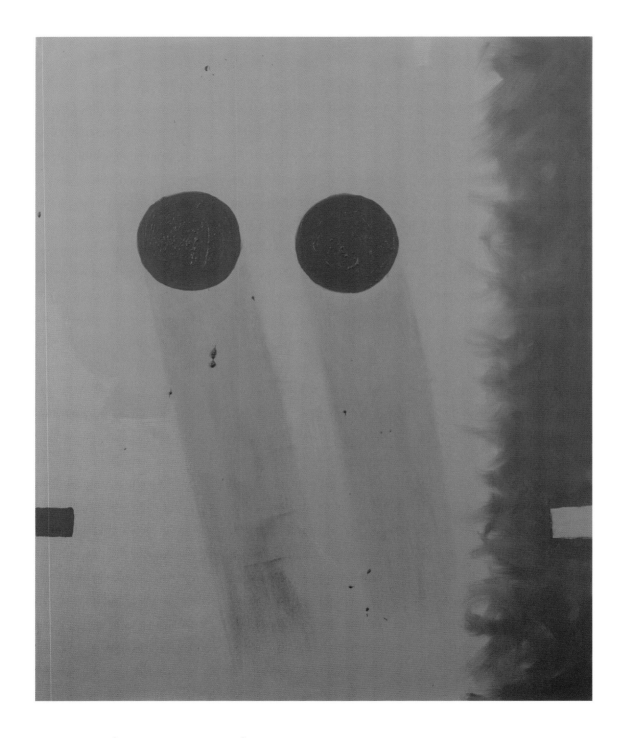

DÉCOLLAGE ET DÉCOLLAGE / DESPEGUE Y DESPEGUE

2009, Öl auf Leinwand 100 x 80

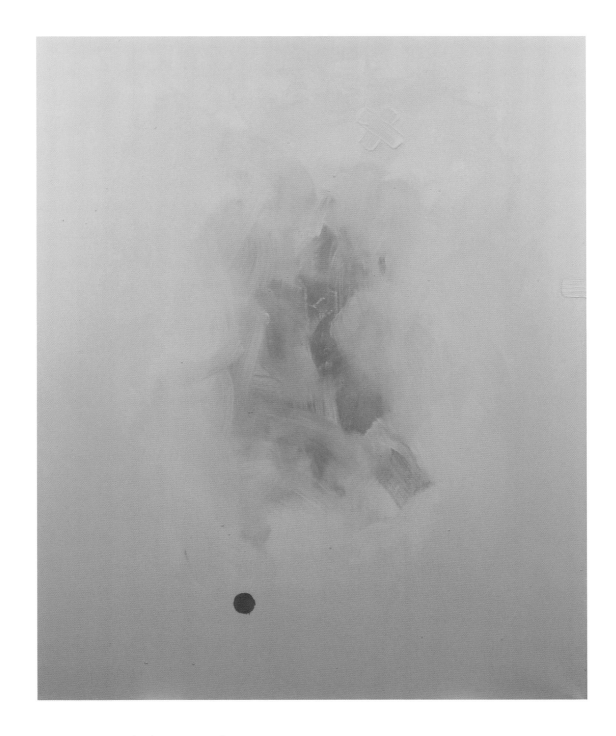

TROIS ÉLÉMENTS À L'AUBE / TRES ELEMENTOS EN EL ALBA

2009, Öl auf Leinwand 100 x 80

Lieber Schnouz

Letzte Woche habe ich es erfahren, von deinem Tod. Ein komisches und trauriges Gefühl. Schwer vorstellbar, dass ich dich, Stefan Kummer, nie mehr hier und dort kreuze. Schon bei meinen ersten jugendlichen Entdeckungsreisen in Biel warst du da. Voller Präsenz und Kreativität. Du warst für mich damals ein Monument. Deine Ideen und Werke beeindruckten mich. Leuten wie dir eiferte ich nach. Später hast du mal mit einem Freund von mir zusammengewohnt. In Erinnerung bleibt mir ein gemeinsamer Ausflug ins Burgund im Deux Chevaux. Viele Menschen aus dieser Zeit kreuze ich heute nicht mehr. Die Welten haben sich entfremdet. Anders wars bei dir. Wir hatten beide die gleiche Atomic-Fürabebier-Tradition. Mindestens einmal in der Woche sassen wir da, am selben Tisch, und redeten über irgendwas. Und das Lokal-int: In der ersten Zeit des Kunstraums sah ich dich dort nie. Seit einem Jahr oder so, warst du plötzlich da. Mehr oder weniger Stammgast. Manchmal etwas abseits, manchmal in intensivste Gespräche verwickelt. Deine Äusserungen und Gedanken zu den Ausstellungen waren stets ernsthaft. Deine Beobachtungen akribisch. Ich habe immer wieder darüber gestaunt. In lebhafter Erinnerung bleibt mir dein spontanes Dich-zur-Verfügungstellen für ein Photoshooting von Antal Thoma. Mitten im Winter, in den Unterhosen, mit Wasser bespritzt. Das Bild mit dir ist eines der lustigsten. Und ziert die Rückseite meiner Ausstellungsdokumentation.
Wir werden uns nicht mehr treffen. Ein komisches und trauriges Gefühl. Ich wünsche dir alles Gute, dort, wo du jetzt bist.
Ich meinerseits muss deinen Abgang erst mal verdauen.

»Peace and Love«

Chri Frautschi

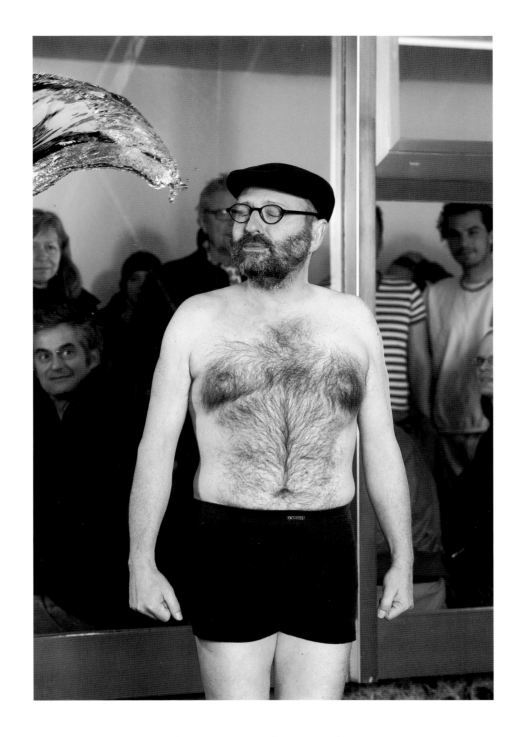

(Photo: Antal Thoma)

POINT PRIVÉ / PUNTO PRIVADO

2010, Öl auf Leinwand 100 x 80

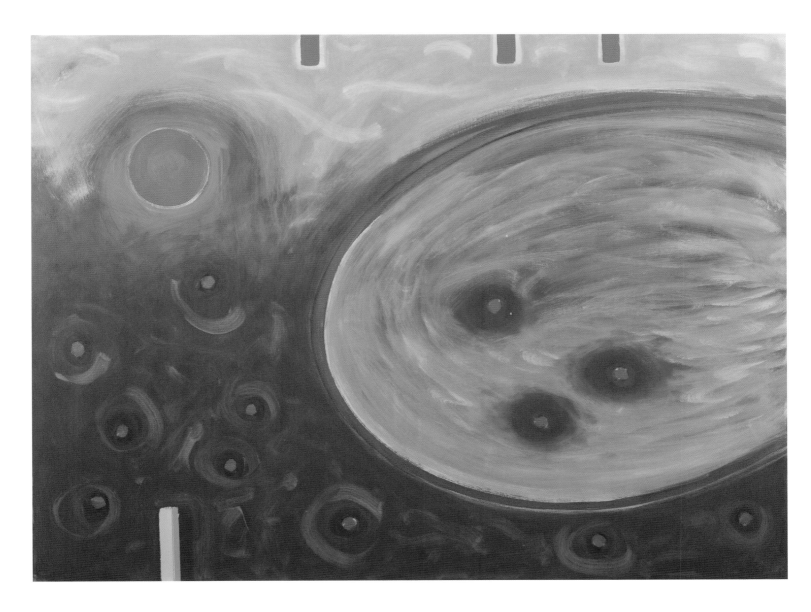

PAYSAGE: L'ÉTANG / PAISAJE: EL ESTANQUE

2010, Öl auf Leinwand 90 x 120

SURVEILLANCE HIVERNALE / VIGILANCIA HIBERNAL

2010, Öl auf Leinwand 100 x 80

LE CHAMP ET LA FLAQUE / EL CAMPO Y EL CHARCO

2011, Öl auf Leinwand 100 x 80

Der Begriff Lebensgefährtin leitet sich vom Begriff Gefahr ab ebenso wie der Begriff Lebensgefährte.

Der Mensch braucht die Gefahr. Weshalb schaute er sich sonst Kriminalfilme an?

Eben weil da andere in Gefahr sind.

Zdevan Qumr Stefan Kummer

LE JAUNE PRÉSENT / EL AMARILLO PRESENTE

2011, Öl und Oil Stick auf Leinwand 100 x 80

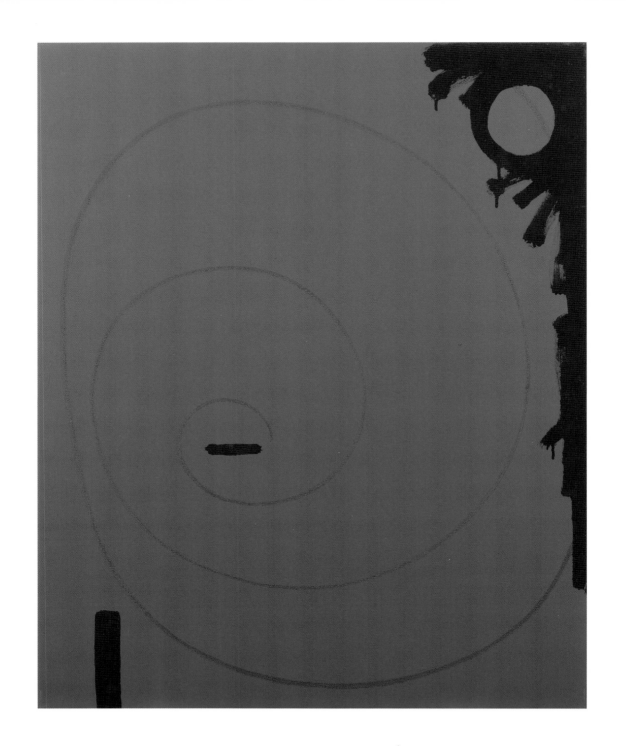

RADIATION CIRCULAIRE / RADIACIÒN CIRCULAR

2012, Öl und Oil Stick auf Leinwand 100 x 80

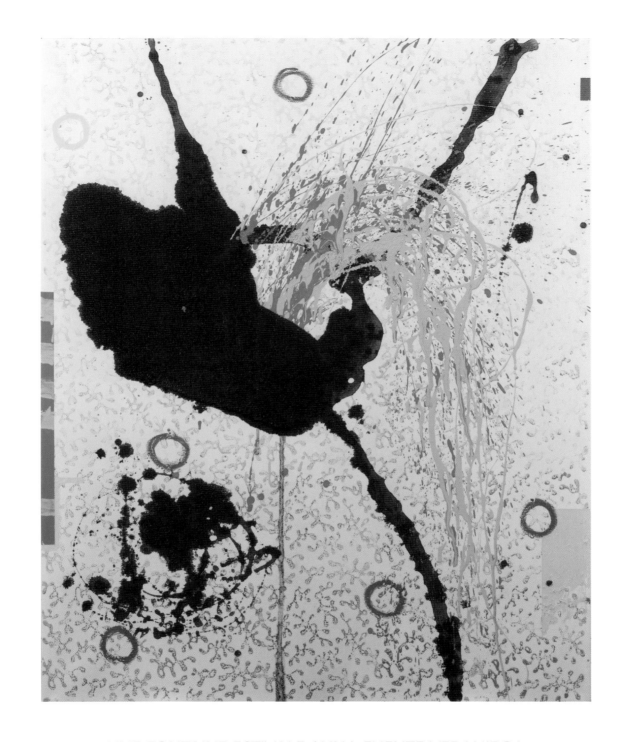

UNE FONTAINE ESTIVALE / UNA FUENTE VERANIEGA

2012, Öl und Oil Stick auf Leinwand 100 x 80

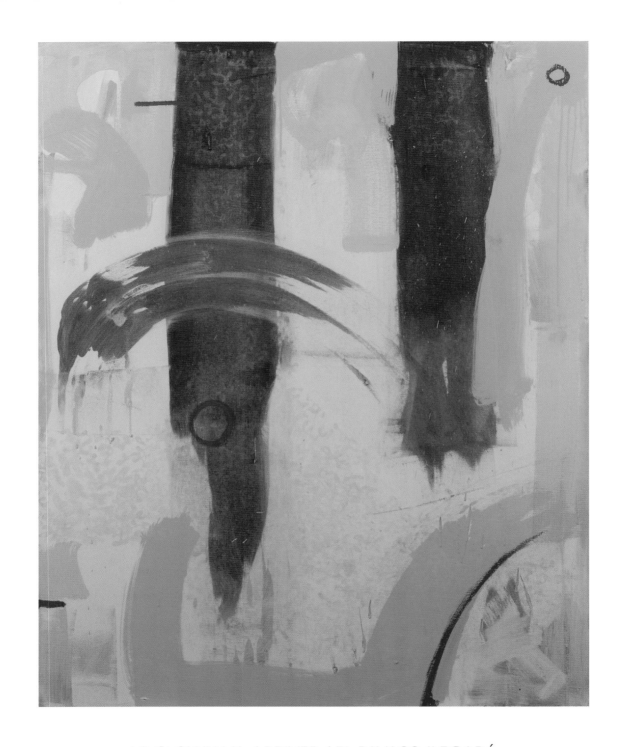

LE CLOWN VA ARRIVER / EL PAYASO ILEGARÁ

2012, Öl und Oil Stick auf Leinwand 100 x 80

LE TERRAIN DE L'ORCHESTRE / EL TERRENO DE LA ORQUESTA

2012, Öl und Oil Stick auf Leinwand 100 x 80

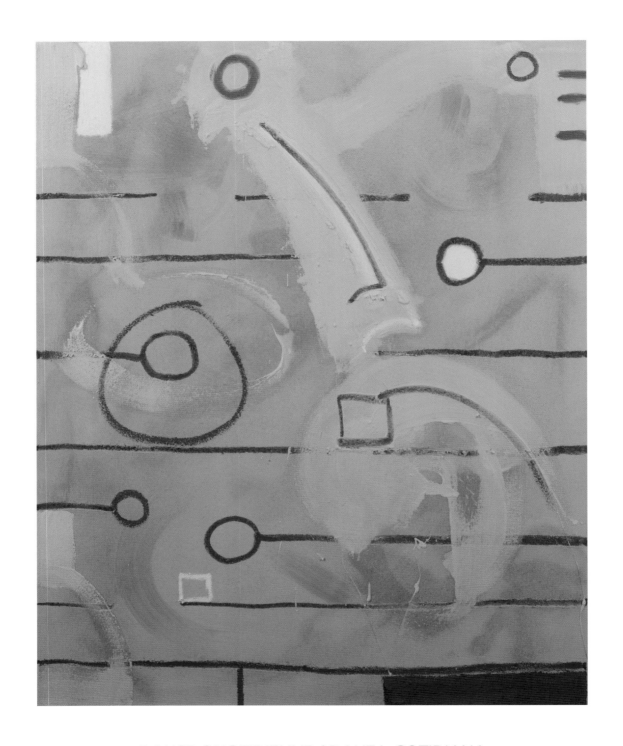

DANSE QUOTIDIENNE / DANZA COTIDIANA

2012, Öl und Oil Stick auf Leinwand 100 x 80

LA HONTE (PAS TIMIDE) / LA VERGÜENZA (NO TÍMIDA)

2012, Öl und Oil Stick auf Leinwand 100 x 80

Die Ecke

Um die Ecke steht ein Motorrad.
Es ist blau
und wartet seit dem Morgen
ganz brav auf seinen Fahrer.
Ohne ihn kann das arme Motorrad
nichts tun.
Es wird beschaut, beregnet, besonnt
und wahrscheinlich
von einem Hund angepisst.
Um die Ecke
steht vielleicht ein Motorrad,
nur kann ich da eben
nicht hinsehen.

Polyglott

Nach mehreren Wochen im Flugzeug
stirbt eine Milbe.
Sie wird nach Kairo gebracht
und dort mit einem Staubsauger
weggeputzt.
Niemand lacht,
niemand weint
und sie wird auch nicht
in der Cheobs-Pyramide
beerdigt.

Zdevan Qumr Stefan Kummer

SANS TITRE (ARC 1) HAUT / SANS TITRE (ARC 1) BAS
SIN TITULO (ARCO 1) ARRIBA / SIN TITULO (ARC 1) ABAJO

2013, Öl und Oil Stick auf Leinwand 160 x 100

SANS TITRE (ARC 2) HAUT / SANS TITRE (ARC 2) BAS
SIN TUTOLO (ARCO 2) ARRIBA / SIN TITULO (ARCO 2) ABAJO

2013, Öl und Oil Stick auf Leinwand 160 x 100

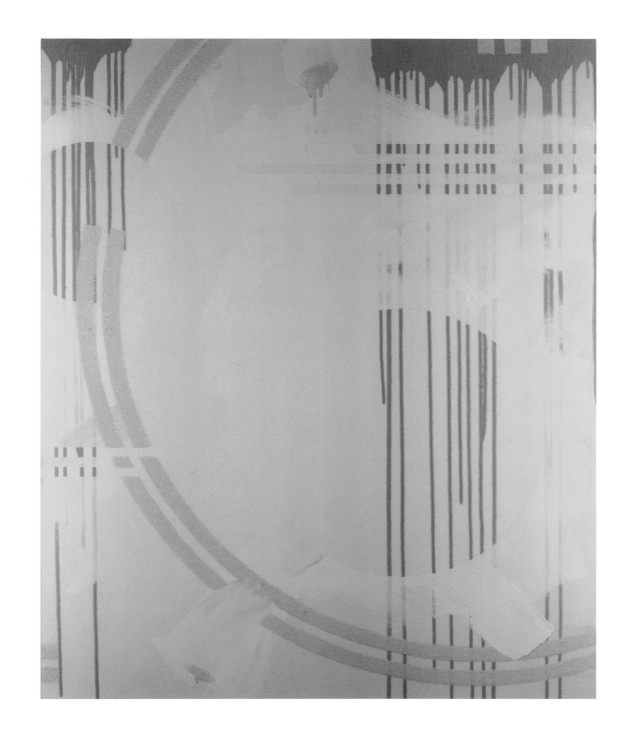

SANS TITRE (ARC 3) / SIN TITULO (ARCO 3)

2013, Öl und Oil Stick auf Leinwand 160 x 100

Die Scham

Was möchte uns eigentlich
ein Feigenbaum zeigen?
Ist es sein stämmiger Bau
oder sind es seine Früchte?
Nein, im Grunde genommen ist es nichts.
Der Feigenbaum
möchte uns also nichts zeigen,
weil er sich schämt
und sich also mit sehr vielen
Feigenblättern zudeckt.

Zdevan Qumr Stefan Kummer

Ohne Abschied

11. August 2013

Ein sonniger, friedlicher Sonntagmorgen. Heinz und ich trinken Kaffee und lesen die Sonntagszeitung. Die Hausglocke läutet. Ahnungslos öffnen wir die Haustür – zwei Polizisten in Uniform stehen vor uns, treten ein und setzen sich zu uns an den Tisch. Wir ahnen Ungutes.
Wie aus weiter Ferne hören wir die Frage: »Sie haben einen Sohn namens Stefan, nicht wahr?« Wir bejahen. »Leider müssen wir Ihnen mitteilen, dass er gestorben ist.«
Beklemmende Stille. Wie betäubt – erstarrt, fassungslos – sitzen wir da und versuchen langsam zu realisieren, dass wir uns nicht in einem Film, in einem Traum befinden.
Stefan tot – unser Sohn? Wann? Wie? Wo? Und immer wieder: Warum?

Wie auf einem Förderband erleben wir von da an die Zeit. Sie diktiert uns, was zu tun ist und – wir funktionieren:
Unseren zwei Töchtern mitteilen, dass ihr Bruder tot ist. DNA-Analyse, da Stefan erst ein paar Tage nach seinem Tod im Bett gefunden wurde, in der heissesten Woche bei 40° in seinem Atelier. Grausamste Bilder nisten sich bei uns ein. Seine Nachbarn, die ihn gefunden haben, müssen psychologisch betreut werden; der Schock sitzt tief – auch bei ihnen.

Wir müssen, – ja, was müssen wir – was können wir tun?

Die Zeit läuft weiter.

Besprechungen mit der Trauerbegleiterin, dem Pfarrer, den Gerichtsmedizinern mit der Frage: Obduktion ja oder nein, Leidzirkulare verfassen, Inserate, Adressen und Lebenslauf schreiben, Trauerfeier organisieren . . . und so bald wie möglich in Stefans Wohnung gehen – in sein Atelier, sein privates Zuhause, wo wir bis dahin keinen Zugang hatten.
Unsere Tage sind ausgefüllt. Dankbar nehmen wir jede Hilfe an. Wir fühlen uns getragen und sind ergriffen vom grossen Engagement des Pfarrers, der Trauerbegleiterin, des Organisten.

Plötzlich stehen wir auch in Kontakt mit Stefans Welt in Biel – mit Anrufen, Mails und Briefen. Wir sind erstaunt, gerührt und dürfen erleben, dass er dort als Teil eines festgefügten Künstlerkreises seine Eigenständigkeit, seine Welt leben konnte. Tröstlich für uns!

Stefans Lebenslauf zu schreiben, ist schmerzlich und belastend, zugleich auch hilfreich beim allmählichen Realisieren, dass unser Sohn gestorben ist. Tot – ohne Abschied . . .

Die Zeit nimmt uns mit . . .

18. August – die Todesanzeigen sind verschickt. Jede eine Bestätigung, dass Stefan gegangen ist. Für immer.

Susanne und Heinz Kummer

Abschied

Du bist gegangen

> Dein Schweigen ist verstummt.
>
> Das Warten steht still.

Du bist zurückgekommen

> Dein Werk lebt.
>
> Deine Bilder zeigen dich in deiner Welt.

Du bleibst für immer

> Auch nach dem Tod
>
> uns nah.

Deine Eltern

Zu den Autorinnen und Autoren

Mischa Dickerhof, 1962 in Bern geboren, lebt und arbeitet in Biel/Bienne als Wirt, Konzertorganisator, Songwriter & Photograph.

Urs Dickerhof, 1941 geboren, lebt in Biel. Seit den 60er Jahren Ausstellungen und Kunst im öffentlichen Raum im In- und Ausland sowie viele eigene Bücher und Katalog-Publikationen. Seit 1964 zahlreiche künstlerische und literarische Auszeichnungen, u.a. Kulturpreis der Stadt Biel/Bienne. Von 1979 bis 2007 Direktor der Schule für Gestaltung Biel/Bienne.

Chri Frautschi, 1969, Biel/Bienne, betreibt den Ausstellungsraum Lokal-int.

Alice Henkes, 1967 in Hannover geboren, Studium der Germanistik und der Soziologie, arbeitet als Kulturredaktorin für das Bieler Tagblatt und als freie Kunstkritikerin (u.a. für SRF2 und Kunstbulletin) und Kuratorin. Sie lebt in Biel/Bienne.

Susanne und Heinz Kummer, Eltern von Stefan. Sie leben in Burgdorf.

Sabine Kummer, 1967, Stefans jüngere Schwester. Sie wohnt mit ihrem Partner Erich und den Kindern Sophie und Bastian in Biel/Bienne und arbeitet als Lehrperson an einem Kindergarten.

Oliver Salchli, 1966, lebt und arbeitet als Grafiker in Biel/Bienne.

Kathrin Wacker-Kummer, 1961, Stefans ältere Schwester. Sie wohnt mit Ehemann Gerhard und den Kindern Rahel, Philipp, Mirjam und Manuel in Lyssach/BE und arbeitet in Burgdorf als Primarlehrerin und Kindergärtnerin.